企业高技能人才职业培训系列教材

四级

社会体育指导员

（太极拳）

编审委员会

主　　任　仇朝东　沈富麟

委　　员　顾卫东　葛恒双　葛　玮　孙兴旺　朱学雷　刘汉成

执行委员　孙兴旺　瞿伟洁　李　晔　夏　莹

本书编审人员

主　　编　黄忠达

副 主 编　郭昌武　张家健

编　　者　萧　晖　陈　澄　罗礼仲　于建峰　张文磊　曾　凯

主　　审　彭少婕

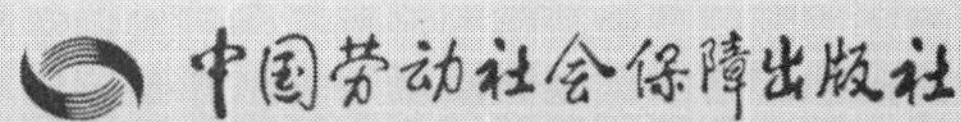

中国劳动社会保障出版社

图书在版编目(CIP)数据

社会体育指导员：太极拳：四级/人力资源和社会保障部教材办公室等组织编写．—北京：中国劳动社会保障出版社，2014

企业高技能人才职业培训系列教材

ISBN 978-7-5167-1501-7

Ⅰ.①社… Ⅱ.①人… Ⅲ.①全民体育-体育工作者-中国-职业培训-教材②太极拳-基本知识 Ⅳ.①G812.4②G852.11

中国版本图书馆CIP数据核字(2014)第273966号

中国劳动社会保障出版社出版发行

(北京市惠新东街1号 邮政编码：100029)

*

北京北苑印刷有限责任公司印刷装订 新华书店经销

787毫米×1092毫米 16开本 8.75印张 9彩色印张 303千字

2014年11月第1版 2014年11月第1次印刷

定价：56.00元

读者服务部电话:(010) 64929211/64921644/84643933

发行部电话:(010) 64961894

出版社网址：http：//www.class.com.cn

内容简介

本教材由人力资源和社会保障部教材办公室、中国就业培训技术指导中心上海分中心、上海市职业技能鉴定中心、上海体育职业学院、上海市体能协会、上海易星体育发展有限公司依据社会体育指导员（太极拳）（四级）职业技能鉴定细目组织编写。教材从强化培养操作技能，掌握实用技术的角度出发，较好地体现了当前最新的实用知识与操作技术，对于提高从业人员基本素质，掌握社会体育指导员（太极拳）（四级）的核心知识与技能有直接的帮助和指导作用。

本教材在编写中根据本职业的工作特点，以能力培养为根本出发点，采用模块化的编写方式。本教材内容共分为 7 章，主要包括：服务与管理，太极拳教学方法和技巧，太极拳教练员的演讲表达，太极拳理论知识，太极拳十九式、三十八式教学，运动损伤，太极拳英语等。本教材还提供了太极拳十三式、太极拳十九式的英语口诀教学，可至 www. class. com. cn 进行下载。

本教材可作为社会体育指导员（太极拳）（四级）职业技能培训与鉴定考核教材，也可供本职业从业人员培训使用，全国中、高等职业技术院校相关专业师生也可以参考使用。

企业技能人才是我国人才队伍的重要组成部分，是推动经济社会发展的重要力量。加强企业技能人才队伍建设，是增强企业核心竞争力、推动产业转型升级和提升企业创新能力的内在要求，是加快经济发展方式转变、促进产业结构调整的有效手段，是劳动者实现素质就业、稳定就业、体面就业的重要途径，也是深入实施人才强国战略和科教兴国战略、建设人力资源强国的重要内容。

国务院办公厅在《关于加强企业技能人才队伍建设的意见》中指出，当前和今后一个时期，企业技能人才队伍建设的主要任务是：充分发挥企业主体作用，健全企业职工培训制度，完善企业技能人才培养、评价和激励的政策措施，建设技能精湛、素质优良、结构合理的企业技能人才队伍，在企业中初步形成初级、中级、高级技能劳动者队伍梯次发展和比例结构基本合理的格局，使技能人才规模、结构、素质更好地满足产业结构优化升级和企业发展需求。

高技能人才是企业技术工人队伍的核心骨干和优秀代表，在加快产业优化升级、推动技术创新和科技成果转化等方面具有不可替代的重要作用。为促进高技能人才培训、评价、使用、激励等各项工作的开展，上海市人力资源和社会保障局在推进企业高技能人才培训资源优化配置、完善高技能人才考核评价体系等方面做了积极的探索和尝试，积累了丰富而宝贵的经验。企业高技能人才培养的主要目标是三级（高级）、二级（技师）、一级（高级技师）等，考虑到企业高技能人才培养的实际情况，除一部分在岗培养并已达到高技能人才水平外，还有较大一批人员需要从基础技能水平培养起。为此，上海市将企业特有职业的五级（初级）、四级（中级）作为高技能人才培养的基础阶段一并列入企业高技能人才培养评价工作的总体框架内，以此进一步加大企业高技能人才培养工作力度，提高企业高技能人才培养效果，更好地实现高技能人才培养的总体目标。

为配合上海市企业高技能人才培养评价工作的开展，人力资源和社会保障部教材办公室、中国就业培训技术指导中心上海分中心、上海市职业技能鉴定中心联合组织有关行业和企业的专家、技术人员，共同编写了企业高技能人才职业培训系列教材。本教材是系列教材中的一种，由上海易星体育发展有限公司负责具体编写工作。

企业高技能人才职业培训系列教材聘请上海市相关行业和企业的专家参与教材编审工作，以“能力本位”为指导思想，以先进性、实用性、适用性为编写原则，内容涵盖该职业的职业功能、工作内容的技能要求和专业知识要求，并结合企业生产和技能人才培养的实际需求，充分反映了当前从事职业活动所需要的核心知识与技能。教材可为全国其他省、市、自治区开展企业高技能人才培养工作，以及相关职业培训和鉴定考核提供借鉴或参考。

新教材的编写是一项探索性工作，由于时间紧迫，不足之处在所难免，欢迎各使用单位及个人对教材提出宝贵意见和建议，以便教材修订时补充更正。

企业高技能人才职业培训系列教材

编审委员会

序言

20世纪90年代，我开始下海经商，经营日渐上了轨道，但逐渐感觉身体透支严重，于是去医院检查，发现原来健壮的身体，心脏和血压都亮起了红灯，起先几天有点紧张，但很快和许多人一样就不把它放在心上了。直到有一天外出办事，碰巧车坏了，因为路不远，就向同事借了一辆自行车，没想到才骑行了十分钟，大腿就非常酸胀，大汗淋漓，气喘不止，恨不得把车扔在路边直接打车走，但因为是同事的自行车，所以硬撑着骑完。那以后，我便感到深深的恐惧，因为在我这个年纪，感觉自己的身体肩负着整个家庭，所以决定放一下手上的生意，开始真正关注自身的健康。再三考虑，觉得这个年龄不适合再做剧烈的运动，便决定选择太极拳来强身健体。

找遍了整个上海，居然没有一家太极拳馆，其他像样的场馆都是经营外来的跆拳道、空手道、瑜珈等，而太极拳只有老人们在公园里练习。于是，我来到公园里学习，我发现几乎没有老师能讲解经典拳论中提到的中医经络骨骼学说以及“差之毫厘，谬以千里”、节节贯穿、不丢不顶、四两拨千斤等太极拳特点，也没有人能用动作来验证太极拳经典理论，太极拳的传授几乎是公说公有理，婆说婆有理，没有统一的动作标准，缺乏相应的科学理论依据。为了学到真正的太极拳，我遍访名师，经历十数年，将中医经络骨骼学说和太极拳经典理论加以结合，不余遗力地探索太极拳理，终于初窥太极拳的精髓。

2011年8月23日，在上海市人力资源和社会保障局的领导下，上海地区相关专家组成研发工作组，根据社会体育指导员国家职业标准，开发了太极拳方向的培养评价项目。我有幸参与其中，并见证了项目从立项到评审通过的全过程。之后历时近3年，社会体育指导员（太极拳）五级、四级、三级的培训考核体系日臻完善，这使太极拳的练习和教学变得有据可依、有典可循，每个动作都有明确的方位要求，每一处、每一动都有具体规范标准，加之可检验的教学模式，太极拳练习改变了以往凭感觉、凭观察、凭印象来记忆动作的方法。

2014 年 4 月 14 日，首次社会体育指导员（太极拳）职业技能鉴定在上海体育职业学院进行，国内首批持有职业资格证书的太极拳教练出炉。这意味着太极拳行业的学习开始逐步摆脱以往随意性强、标准各异的状况，太极拳行业有了统一的规范，系统化、科学化的标准，这从根本上提高了太极拳的学习的效果及养生功效，为太极拳行业健康有序的发展奠定了坚实的基础。而本教材的出版，对于培养太极拳教练人才是具有积极意义的。

2013 年 10 月，国务院印发《国务院关于促进健康服务业发展的若干意见》【国发（2013）40 号】，其中明确指出要不断优化健康服务业发展环境，建立健全健康服务业政策和法规体系，科学完善行业规范和行业标准，更加有效地进行健康服务行业的管理和监督，旨在大力推进体育产业标准化。太极拳作为中华民族的国粹，既是中华优秀传统文化，也是养生瑰宝，属于健康服务业，其发展也必须具有健全的行业规范和标准。只有标准化的发展，才能真正实现有效的复制，更好地传承太极拳，弘扬国粹，利益大众。

20 世纪中叶，日本人将中国少林的武术基本功摇身一变创立了空手道，制定了标准后，在全世界推广；韩国人将中华武术的腿法摇身一变创立了跆拳道，制定了标准后，如今在全球也形成了产业链。而中国的国粹太极拳却大部分却只能在公园内传播，变成了老年人的专利，甚为可惜。因此我辈不遗余力，为太极拳实现标准化、产业化的发展付出绵薄之力！

黄忠达

目录

第 4 章 太极拳理论知识

第5章 太极拳十九式、三十八式教学 PAGE 71

第6章 运动损伤 PAGE 213

第7章 太极拳英语 PAGE 231

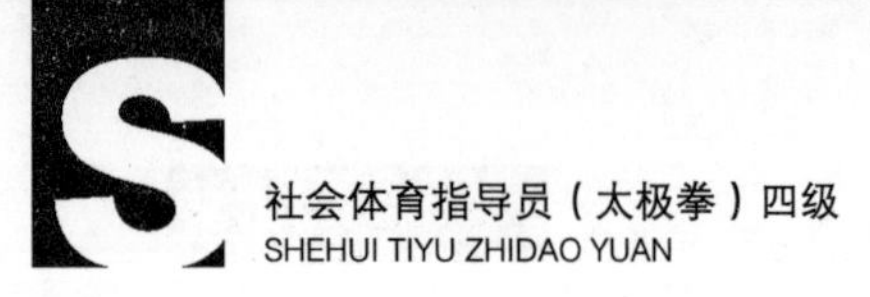

第1章

服务与管理

本章提要

服务与管理的相关知识一直是现代职业人必须掌握的重要技能之一。本章阐述了太极拳教学服务中的客户服务知识，要求太极拳教练员掌握提高客户服务质量的方法和改善教学质量的要素。同时，还介绍了太极拳教练员的基础管理知识，包括员工管理的基础知识和员工培训的基础知识。

1.1　太极拳教学服务

1.1.1　客户服务

客户服务是一种以客户为导向的价值观，是根据客户本人的喜好，提供满足其需要的所有活动以及要素的总和。

客户服务质量是指太极拳教练员为客户提供的教学服务适合和满足客户需要的程度，是太极拳教练员的服务能够满足客户需求特殊性的总和。

为客户提供的所有服务，能否适合和满足客户的共性需求和个性需求，能否受到客户的认可和赞誉，是衡量客户服务质量好与坏、优与劣的依据。客户服务质量的好与差，取决于两方面的因素：一方面是物的因素，即“硬件”，包括设施设备；另一方面是人的因素，即“软件”，包括太极拳教练员的职业道德、工作态度，专业服务技能、文化修养等，这也是提高客户服务质量的关键因素。客户服务质量的真正内涵，不仅是满足客户需求的综合反映，而且是太极拳教练员客户服务的“软件”与“硬件”的完美结合。

对于太极拳教练员来讲，尊敬和信赖来源于高质量的客户服务。满足客户需求的程度越高，社会信誉就越好。客户服务质量的高低，客户服务工作的好坏，不仅关系到太极拳教练员的信誉度和教学收益，还直接影响行业的声誉。必须高度重视客户服务质量，以优质服务赢得信誉，这是最根本的行业之道。

太极拳教练员的工作效益，包括两个方面：社会效益和经济效益。社会效益是太极拳教练员的社会影响力和知名度，它是太极拳教练员的无形财富。经济效益则反映着太极拳教练员的收入水平。社会效益和经济效益是同一个问题的两个方面，它们之间相互联系、相互依存。良好的经济效益来自较高的社会影响力和知名度，而较高的社会影响力和知名度必定会带来良好的经济效益。在这里，社会效益是基础，经济效益是结果。但是，决定两个效益的主要因素是客户服务质量。客户服务质量越高，两个效益越好；服务质量低，两个效益必定差。

综上所述，太极拳教练员职业工作的关键是客户服务质量，客户服务质量的优劣直接关系到太极拳教练员的声誉及工作的社会效益和经济效益，是太极拳教练员职业的生命线。

1.1.2 提高客户服务质量的方法

在太极拳教学中，必须有专人定期考察客户的满意度及对教学服务的反馈信息，并做好记录，与教练员协商后做进一步的改进计划，以保证教学的服务质量。

通过良好周到的服务能赢得客户对太极拳教练员的尊敬、钦佩和赞美，给对方留下好的印象。这样，太极拳教练员才会有好的社会形象，才会有好的收入，才会有满足感、成就感和自我价值感。太极拳教练员的目标就是向客户提供最佳的服务，在提高客户服务质量方面要注意以下几点：

1. 分析、了解并满足客户的需求

客户的需求分为两部分，情感需求和实际需求。太极拳教练员应将客户服务的重点放在满足每位客户不同的需求上。

每一位客户都希望他们是被欢迎、被重视和受到尊重的，这就是客户的情感需求，即心理上的满足感。另外，客户会有一些很具体、很实际的问题，比如：经常失眠的想改善睡眠，容易感冒的想增加免疫力和抵抗力，“三高”人群想降低检测数据等。这是客户的实际需求，实际需求是客户在短期或在一定期限内需要解决的问题。

在实际的太极拳教学中，大部分满足客户情感需求的服务都应在轻松愉悦的氛围中进行。因此，作为太极拳教练员，首先要学会如何营造舒适的服务环境和气氛。良好的倾听、恰如其分的赞美都是非常有效的方法。同时，太极拳教练员较强的专业能力及敬业精神也会让客户感受到尊重和关心，使其从心理上感受到自尊和满足。

满足客户的实际需求就是要帮助客户解决他们自身难以解决的实际问题，也就是客户在其相应的消费水平的基础上得到太极拳教练员必须提供的服务。作为太极拳教练员，必须为客户提供有效的服务，尽力去帮助客户，解决他们各种各样的实际问题。通过服务使客户得到具体的、有形的收获。满足客户的实际需求是太极拳教练员客户服务的重要内容。

2. 建立稳固的客户关系

（1）尊重和重视客户。尊重和重视客户是太极拳教练员建立和谐、稳定的客户关系的基础。拥有忠实、可靠的客户群，是太极拳教练员成功的必要因素。太极拳教练员需要真诚地对待每一个客户，让客户感受到满意的服务。这样，不但可以留住原有的客户，也可以发展出潜在的客户。当出现客户投诉时，应先认真地聆听客户反映的情况，安抚客户的情绪，如有不能马上解决的问题，必须认真记录，跟进解决。重视客户反映的问题，并及时地解决，这样才能避免在激烈的市场竞争中流失客户。

（2）保持良好的沟通。保持良好的沟通可以帮助太极拳教练员与客户建立起互相信任的关系，这也是建立和谐、稳定的客户关系的重要手段。在与客户的沟通中，保持热情和友好的态度是非常重要的。太极拳教练员要经常与客户沟通，讲解太极拳理论和养生知识，使客户理解科学养生、以拳会友的意义。同时，太极拳教练员在介绍太极拳相关课程时，必须实事求是，不可夸大其锻炼和养生效果，以避免客户产生很高的期望值，一旦达不到效果，就会感觉受到了欺骗，影响后续的教学效果。因此，要将教学过程中可能出现的问题、练习方法和进度计划尽量解释清楚，以防客户误解。太极拳教练员应多与客户保持联系，及时发现、消除易使客户关系发生问题的隐患。

（3）端正服务态度，树立服务意识。端正服务态度，以服务为目的也是建立和谐、稳定的客户关系的必要条件。作为一名合格的太极拳教练员，其工作的本质就是为客户服务。如果把客户服务工作看作一件麻烦的事情，那么对待客户的态度肯定是不友善的，也就不可能给客户提供优质的服务。太极拳教练员要积极为客户解决问题，而不是敷衍客户，应付这份工作。所以，在每次太极拳教学之前，教练员都要认真备课，并及时进行必要的调整。在整个教学过程中，要始终保持对客户的关注，保持一个端正的服务态度。

1.1.3 改善教学质量的要素

教学质量是服务质量的直接体现，教学质量的高低对太极拳教练员的职业发展有着至关重要的影响。太极拳教练员在教学过程中，要不断地改善教学质量，提升服务的品质。改善教学质量的方法主要有：

1. 完善场地设施

场地设施，如太极拳场馆、灯光条件、音响条件、休息区域的设施配置等，都是太极拳教学过程中必备的硬件条件，它是太极拳教学的组成部分之一。好的场地设施，能够让客户的身体更舒适、心情更愉悦，让太极拳教练员的教学事半功倍。

2. 明确教学计划

教学计划在教学过程中起着指挥、引导教练员教学行为的作用，明确教学计划有利于教练员对教学内容做出合理的安排和调整，使每一次教学都有针对性，让客户有新的收获。同时，教学计划也可以让客户对自己的时间做出相应的调整，以适应太极拳教练员的教学进度。

3. 优化教学过程

优化教学过程包括：提高教练员自身的技术水平、改善教学方法、增加教学技巧等。教学过程是教学环节最为重要的组成部分之一，是教练员直接向客户传递太极拳技术的阶段。作为一名太极拳教练员，需要不断提高自身的太极拳技术，这是保证教学质量的根本；要不断改善教学方法，让教学内容变得生动有趣、课堂气氛轻松活跃；还要适当地学习一些教学技巧，掌握与不同年龄、不同背景的客户沟通的方式，因人而异、因材施教。

4. 确立行为规范

太极拳教练员是中国传统太极文化对外扩散的载体，因此在教学过程中，一言一行都要合乎礼仪和规范，时刻保持良好的言行举止。这不仅影响到教练员自身的职业发展，更关乎太极文化、太极拳在人们心目中的形象。

5. 建立评价体系

评价体系是教学活动中不可或缺的环节之一。它是客户对课程内容掌握程度的直观体现，也是对教练员教学水平的反馈。建立规范的评价体系可以使教练员的教学过程有监督机制，促使教练员更好地改进自己的教学行为，同时也可以及时了解和发现客户在学拳过程中的问题和意见，从而对教学活动做出调整。

1.1.4 服务中的投诉处理

当今社会，竞争日益激烈，提供给客户优质的产品和满意的服务成为越来越多的企业生存和发展的战略方针。对于太极拳标准化以及产业化发展的企业组织而言，出现客户对服务不满意而投诉亦是正常。客户对投诉处理的满意程度是企业组织服务质量的重要指标之一，同时也是保证客户忠诚度的重要催化剂。因此，掌握客户投诉处理技巧知识，快速、有效地平息客户的投诉，是太极拳教练员必备的一项能力。因此，教练员需要学习必要的投诉处理知识，提升企业组织的品牌质量。

1. 客户投诉概述

客户投诉是指当客户购买商品后或提出某种服务需求后，对商品本身的质量或体验服务过程中的感受未达到自己心中设定的期望，而产生的一种不满和要求得到补偿的行为。在太极拳教学服务中，客户投诉表现为，客户在学拳的过程中，对所接受到的服务未能达到自己心中的期望，进而产生的一种不满和要求补偿的行为。

客户投诉反映了客户的心声。在商业活动中，各行各业都会遇到客户投诉，面对客户的愤怒，许多人会采取回避的态度，抑或不虚心接受客户投诉，与客户针锋相对。

其实，从另一个角度出发，可以将客户投诉理解为客户对企业的信任和期望，有了客户投诉，才能及时发现产品和服务中存在的问题。如果意识到并重视客户投诉的价值，就可以将投诉的客户变成满意的客户，进一步把满意的客户培养成忠诚客户。通过忠诚客户的传播，可以提高公司的美誉度，形成品牌，增加客户群，也可以增加公司的利润。这就是客户投诉的价值。

2. 投诉的客户类型分析和处理方法

世界上没有两片完全相同的叶子，也没有性情、修养、脾性一样的两个人，所以针对不同客户的投诉，应有不同的处理方法。

（1）易怒的客户。这种客户脾气比较急躁。作为太极拳教练员，应该学会把太极的理念融入生活当中。易怒的客户在投诉时属“刚”，此时教练员应该用“柔”的方法倾听客户的心声，切不可与客户发生正面的冲突。所以对待此类客户，应认真倾听，耐心沟通，了解问题所在，若能当面解决，则应马上给出解决方案。如不能马上解决的问题，应及时记录下来，尽快给出解决方案。这类客户最容易成为企业品牌的口碑传播者，所以，要谦虚、耐心，学会道歉。

（2）古怪的客户。这种客户性情难以捉摸。面对此类客户，要先了解客户的基本情况，在与其沟通的过程中，应该顺随客户的性格、爱好、学拳目的进行交流，倾听对方的需要，以便能更深入地了解他要投诉的问题及原因。

（3）霸道的客户。这种客户强势、不服从。“霸道”型客户想要整个教学完全按照他的意向来安排课程。面对此类客户，应从侧面引导他站在教练员以及其他客户的角度去看待这个问题，与之讲解相关规定和安排课程的原因，体现出太极拳教练员不卑不亢的职业精神。

（4）知识分子型客户。这种客户不温不火，头头是道。太极拳客户中对中国传统文化感兴趣的属多数。在与此类客户沟通的过程中，应从他的兴趣点入手，然后慢慢引出他想要投诉的原因，从而通过更深入的沟通解决问题。

因此，面对不同类型的客户投诉，采用的投诉处理方法和技巧也不同，须因人因事而定，才能事半功倍。

3. 有效处理客户投诉的注意事项

太极拳教学行业是服务型行业，因为教练员自身特点以及教学方法的迥异，面对的客户群不一，出现客户投诉亦属正常。在实际工作中很多投诉的有效解决，除了需要教练员在教拳的过程中全力以赴，也需要其他相关部门的通力合作。要有效处理客户投诉需掌握的技巧主要有以下几方面：

（1）要注入“善待客户投诉”的文化理念。要把客户的投诉看成是有价值的资源，怀着一种感激的态度去处理客户投诉。只有站在客户的立场上考虑问题，才能真正理解客户投诉的重要性，并由此产生对投诉重视、积极对待的态度。客户投诉像一面镜子，使提供服务方能够及时发现自身的服务或产品的瑕疵和缺憾。服务或产品出现问题是难以避免的，关键在于如何去解决这些问题，是否敢于正视问题，以积极诚挚的态度去应对；是否愿意为客户提供最完善的服务等。这也可以促进教学和服务的提升和改善。

（2）建立完善的投诉处理流程。要高效率、低成本、客户满意度高、客户体验一致性高地完成每一个客户投诉的处理，必须在日常的实践中提炼出一套完善的处理流程，并将其制度化，完善的流程是能够顺利完成投诉处理的最重要的保证之一。

1.2 太极拳教练员的管理基础

1.2.1 员工管理的基础知识

在太极拳教学过程中的管理，是指太极拳传播者和教学机构的管理人员和相应的教学员工一起达成目标的过程。在这个过程中，它包含了三层含义：管理是一个活动过程，管理是管理者和员工共同的事情，管理者的工作必须依赖员工的合理工作。

1. 管理者和领导者的有效结合

在太极拳的管理活动中，管理者应明确其相应的定位。

作为管理者，要处理好工作上的事情，管理好各个部门，其首要任务是把员工的工作管理协调好，把各方面的工作安排得井然有序、有条不紊，维持日常工作的正常运转。连正常工作都维持不了的管理者肯定不是合格的管理者。也就是说，其没有扮演好管理者的角色。因此，了解管理者基本核心的定位是非常重要的。

其次，领导和管理是相对而言的，也是相辅相成的。管理是为了让企业的运作更加规范有序，而领导则是为了企业的状态更加活跃和积极，即从规范状态进而跃升为激发和运动状态。真正的"管理"是领导工作和管理工作的完美结合，即在规范有序的前提下，尽可能地发挥出每一名员工的创造性和积极性。如果说管理是为了维持企业日常工作正常运转的话，那么领导就是让企业不断地创新、不断地超越和完善。显而易见，作为一名管理者，必须把领导和管理完美地结合起来。

2. 管理者如何与员工相处

随着现代社会的信息和思想的日益活跃，管理者要得到员工的拥护和爱戴，需要关注的方面也越来越多。管理者必须有大局观、勇敢坚毅、爱护员工、赏罚有据以树立威信，否则就不足以服众。除此之外，管理者还需要谨慎对待人、责、权，注意不要忽略可以增强和削弱号召力的以下行为：

（1）与员工融为一体，勇于同甘共苦。

（2）公平地对待每一个人和处理每一件事。

（3）积极对待每一名员工的工作，给予他们足够的被认同感和被尊重感。

（4）制定各种规章制度、流程标准时应仔细慎重，如任何规章制度已定就不要随意更改，要严格地落实和执行，切忌以人情和诸多缘故而随意免除违反者的处罚。

（5）对于自己领导的部门，要明确职责与权限，应尽量避免跨部门管理或推卸责任。

（6）以身作则，严于律己，不为自己设特权，要懂得上行下效的无形影响。

（7）要设身处地地为员工着想，管理上要学会以人为本。

（8）不要轻易地给予员工在工作上的照顾和便利，避免员工利用滥用管理者的信赖，避免影响到员工群体间的向心力，从而影响到工作效率。

3. 管理者如何培养员工

人力资源是公司的第一资源，是公司发展壮大的根本，是提高公司竞争力和创新的决定性因素。一般来说，优秀的管理者都必须善于培养员工，在指导员工的时候应注意做到以下几点：

（1）尊重员工的价值。重要的是在观念上改变对人才的看法：要尊重员工的个人价值，理解员工的具体需求，将员工看成公司最重要资本，并落实在日常的工作过程中，在公司内部管理制度、流程制定过程中体现员工的价值。

（2）为员工设立高目标。不断提高要求，为员工不断提供新的成功机会，让员工在工作过程中感到自己能够得到不断的支持，能够不断地学到新的东西。同时，为员工目标的实现提供必要的资源支持。

（3）强化交流沟通。员工是公司最好的管理者，公司管理的大部分决策、思路来源于员工。因此，作为管理者要加强与员工的交流和沟通，创造沟通的环境条件，比如员工座谈会等，在工作过程中要征询员工对公司发展的意见，倾听员工提出的疑问，为员工做好回复。

（4）善于授权。授权意味着让员工自己做出正确的决定，意味着信任员工，意味着让员工主动开展工作，勇于承担责任，提升员工主动担当的意识。当一个人被信任的时候，就会迸发出更多的工作热情和创意。而作为管理者，在此担当的角色是支持者和教练。

（5）让员工参与公司的管理。管理来自于一线，让一线员工参与公司的各项管理，为公司的发展、规范、提升献计献策，让员工知道公司对他们的意见的重视，如合理化建议等。

（6）工作中以身作则。在与员工的交流沟通过程中，或者会议中，员工会记住管理者答应他们的每一件事或承诺的工作。因此，作为管理者，在对于员工承诺的工作一定要讲究诚信，以身作则。这样员工才会诚信，才会创建诚信的文化氛围，培养员工诚信的理念。

（7）多表彰员工。对于员工做得比较优秀的地方要及时地给予精神或物质的奖励，以激发员工的工作积极性。

4. 管理者如何激励员工

管理者都希望员工努力地工作，为企业创造更多的效益。要使员工在工作中付出最大的努力，管理者就必须对员工进行有效的激励，把员工的潜能焕发出来。这是每个管理者都必须面对的问题。但是，在具体的管理实践中，有些激励措施往往并不奏效，甚至适得其反。如何才能有效地激励员工呢？

（1）为员工安排的职务必须与其性格相匹配。每个人都有其自身的性格特质。比如，有的人安静，另一些人则活跃；一些人相信自己能主宰环境，而另一些人则认为成功与否主要取决于环境的影响；一些人喜欢高风险的、具有挑战性的工作，而另一些人则是风险规避者。员工的个性各不相同，所从事的工作也应当有所区别。与员工个人相匹配的工作才能让员工感到满意、舒适。比如说，喜欢稳定、程序化工作的传统型员工适宜做会计、出纳员等工作，而充满自信、进取心强的员工则适宜担任项目经理、公关部长等职务。如果让喜欢冒险的员工从事一成不变的审计工作，而让一个风险规避者去炒股票，可能都会对其自身的工作感到不满，工作绩效自然不会好。

（2）为每个员工设定具体而恰当的目标。有证据表明，为员工设定一个明确的工作目标，通常会使员工创造出更高的绩效。目标会使员工产生压力，从而激励他们更加努力地工作。在员工取得阶段性成果的时候，管理者还应当把成果反馈给员工。反馈可以使员工知道其自身的努力水平是否足够，是否需要更加努力，从而有益于他们在完成阶段性目标之后进一步提高其自身的目标。无论目标客观上是否可以达到，只要员工主观认为目标不可达到，他们努力的程度就会降低。目标设定应当像树上的苹果那样，站在地下摘不到，但只要跳起来就能摘到。这样的目标激励效果最好。

（3）对完成了既定目标的员工进行奖励。如果员工完成某个目标而受到奖励，他在今后就会更加努力地重复这种行为，这种做法叫行为强化。对于一名长期迟到30 min以上的员工，如果这次他只迟到20 min，管理者就应当对此进行赞赏，以强化他的进步行为。管理者应当想办法增加奖励的透明度。比如,对受嘉奖的员工进行公示，这种行为将在员工中产生激励作用。

（4）针对不同的员工进行不同的奖励。人的需求包括生理需求、安全需求、社会需求、尊重和自我实现需求等若干层次。当一种需求得到满足之后，员工就会转向其他需求。由于每个员工的需求各不相同，对某个人有效的奖励措施可能对其他人就没有效果。管理者应当针对员工的差异对他们进行个别化的奖励。比如，有的员工可能更希望得到更高的工资，而另一些人也许并不在乎工资，而希望有自由的休假时间。又比如，对一些工资高的员工，增加工资的吸引力可能不如授予他“A级教练员”的头衔的吸引力更大，因为这样可以使其觉得自己享有地位和受到尊重。

（5）奖励机制一定要公平。一般而言，员工对自身是否受到公平合理的对待是十分敏感的。很多员工往往会不断与他人进行比较，并对公平与否的程度做出主观判断，从而对自身工作积极性产生影响。

激励的公平性可以分为两个层次：一是行业公平性，即与同行业内其他企业的激励水平相比较，企业所提供的激励必须是有吸引力的，这样才能留住优秀的员工。二是企业公平性，即企业内的多数员工应该认同，自己的激励水平与公司内其他员工相比是公平的。如果不公正，奖罚不当，不仅达不到预期的效果，反而会影响员工的工作态度。

所以在员工管理过程中，管理者要采取各种措施力争做到公平合理，必须坚持客观、公正、民主和科学的原则，使员工产生公平感，从而调动工作积极性，提高工作效率。

1.2.2 员工培训的基础知识

员工培训是指以改进员工的知识、技能、态度和社会行为，提高员工工作绩效和组织效益为目的的一种学习过程。在太极拳行业面临着市场化、产业化的趋势下，完善高质量、高效率的工作系统，培训是其中的重要环节。培训使员工的知识、技能与态度明显提高与改善，由此提高企业效益，获得竞争优势。

1. 企业基础培训的意义

企业招聘录用的员工并不是一开始就具备完成规定工作所必需的知识和技能，也缺乏在企业新集体中同心协力的工作态度。因此，企业为使员工尽快掌握必要的知识、技能和具备必要素质，必须对其进行基础培训。

同时，企业在一个不断变动的经济技术环境中生存与发展，企业员工的知识、技能和工作态度就必须与这种不断变动的外部环境相适应，使知识不断更新，技能素质不断提高。

所以，企业员工培训是针对两种人，一种是新录员工，另一种是现有职工。

企业与其所处的外部环境的关系十分密切，企业员工在企业外面的言行代表着本企业全体，直接影响着企业的形象和声誉。因此，企业应从长远利益和整体利益出发，采取包括员工基础培训在内的多种方法，让新员工树立企业的自豪感，产生企业的向心力，教导新员工自觉地维护企业的声誉和利益。

2. 如何设计企业基础培训方案

（1）培训需求分析。培训需求分析是设计员工培训方案的首要环节。它由培训管理人员采用各种方法和技术，对组织成员的目标、知识、技能等方面进行鉴别和分析，从而确定是否需要培训以及培训的内容。它是确定培训目标、设计培训计划的前提，也是培训评估的基础。只有充分了解、分析培训需求，才能设计合理的培训方案。

培训需求可从企业、工作、个人三方面进行分析：

首先，进行企业分析。先确定企业的培训需求，以保证培训方案符合企业总体目标和战略要求。其次，进行工作分析。工作分析是指新员工达到理想的工作绩效所必须掌握的技能和能力。最后，进行个人分析。个人分析是将员工现有的水平与未来工作岗位对员工技能、态度的要求进行比照，研究两者之间存在的差距，研究需要进行哪方面的培训来提高能力，达到员工的职务与技能的一致。但是，培训不是万能的，只有当员工存在的问题是通过培训能够解决的时候，才需进行培训。

（2）培训方案各组成要素分析。培训方案是培训目标、培训内容、培训方法、培训纪律的有机结合，具体分析如下：

1）培训目标。培训目标应设置总目标和具体目标。总目标是宏观的、较抽象的，它需要不断分层次细化，使其具有可操作性。具体目标是让员工感受到企业对他们的欢迎，体会到归属感，以鼓舞士气，展现清晰的职位分析及企业对个人的期望。培训是为了提高员工解决问题的能力，提供寻求帮助的方法，提供讨论的平台，帮助员工更快地胜任本职工作，让员工了解企业的历史、现状，让他们融入企业文化。

总之，培训目标是培训方案实施的导航灯。有了明确的总体目标和各层次的具体目标，培训的组织者和接受培训的员工才能少走弯路，达到事半功倍的效果。

2）培训内容。一般来说，员工的基础培训内容应包括以下三个层次：

知识培训是基础培训的第一层次。知识培训有利于理解概念，增强对新环境的适应能力。新员工只要听一次讲座或看一本书，就可能获得相应知识，简单易行，但学后容易忘记。如果培训仅停留在这一层次上，效果是难以保证的。

技能培训是基础培训的第二个层次。因为抽象的书本知识不可能立即适应具体的操作。即使员工已拥有了优异的工作技能，员工也必须通过培训了解本企业运作中的一些差别，很少有员工刚进入企业就掌握了所需要的一切技能。

素质培训是基础培训的最高层次。素质高的员工有正确的价值观，有良好的思维习惯，有较高的目标，他可能暂时缺乏知识和技能。而素质低的员工即使已掌握了知识和技能，也可能没用，甚至帮倒忙。

在企业中，员工基础培训必不可少的内容有：

①企业的地理位置和工作环境。

②企业的标志及由来。

③企业的发展历史和阶段性的标志人物。

④企业的产品和服务。

⑤企业的品牌地位和市场占有率。

⑥企业的组织结构及主要领导。

⑦企业文化和企业经营理念。

⑧企业的战略和企业的发展前景。

⑨科学规范的职位说明书。

⑩企业的规章制度和相关的法律文件。

⑪团队的协作和团队的建设。

⑫业务知识与技能、业务流程。

3）培训方法。培训的方法有多种，如讲授法、演示法、案例法、讨论法、视听法、角色扮演法等。目前，外国企业大多采用案例培训，中国的人才培训公司采用最多的是讲座式。将讲授法与案例法结合起来，灵活地运用于员工基础培训，生动活泼，再辅之以实地参观，是颇有成效的方法。

各种培训方法都有不同的特色，在员工基础培训中，可以依据企业的需要和实际情况，合理地选择采用。

4）培训纪律。纪律是搞好培训的保证。在设计员工基础培训方案时，应该制定相应的培训纪律。

以上各要素的有机结合就是一个系统的员工基础培训方案。

本章测试题

一、判断题（请将判断结果填在题后的括号内，正确的填“√”，错误的填“×”）

1. 客户服务是一种以客户为导向的价值观，是根据客户本人的喜好，提供满足其需要的所有活动以及要素的总和。（　　）

2. 学员的需求分为两部分，情感需求和实际需求。太极拳教练员应将客户服务的重点放在满足每位学员不同的需求上。（　　）

3. 对于客户投诉，从另一个角度也可以理解为客户对企业的信任和期望。（　　）

4. 服务或产品出现问题是难以避免的，出现学员投诉亦属正常，所以对于学员的投诉不必太在意。（　　）

5. 管理者与员工相处的过程中应该保持距离才能树立威信。（　　）

二、单项选择题（选择一个正确的答案，将相应的字母填入题内的括号中）

1. 建立稳固的客户关系有助于提高客户服务质量，下列选项中不属于建立稳固的客户关系方法的是（　　）。

A. 端正服务态度，树立服务意识　　B. 尊重和重视客户

C. 保持良好的沟通　　D. 提高客户对产品的期望值

2. 以下选项中，不属于改善教学质量的方法的是（　　）。

A. 完善场地设施　　B. 明确教学计划

C. 提升教学难度　　D. 优化教学过程

三、简答题

1. 作为职业太极拳教练员应该如何提高客户服务质量?
2. 简述改善教学质量的要素。
3. 简述企业基础培训的意义。

第2章 太极拳教学方法和技巧

本章提要

作为职业的太极拳教练员，不断地完善自身的教学方法和技巧是十分必要的。本章从太极拳教学中的教学准备、教学方法和教学总结三个方面进行了阐述，以及对教学过程中的注意事项进行了介绍，包括授课着装和肢体语言方面的注意事项，以及课程中突发状况的处理知识。

2.1 太极拳教学方法

目前，健康需求已成为现代人生活中重要的组成部分。太极拳作为中国的国粹，具有独特的养生功效。随着练习太极拳人数的不断增加，传统的教学方法已难以满足当下的太极拳教学需要。因此，必须采用科学的教学方法进行授课，才能在有限的教学时间内，使学员尽快地掌握太极拳的核心精华。

作为职业的太极拳教练员，应该在课前精心地做好教学准备，合理地分配教学的课程内容，熟练地掌握太极拳的教学方法和技巧，有机地整合、提炼和总结出一套真正完整的太极拳教学方法。

2.1.1 教学准备

1. 了解学员的基本信息

学员是教学的主体，只有充分了解学员的健康状况、运动基础、身体素质、性格等，太极拳教练员才能有的放矢，才能区别对待和因材施教，从而优化教学过程。

（1）了解学员的健康状况。学员的健康状况是从科学练拳的角度来说的，教练员在新课程上课之前应该对每个学员的身体状况有基本的了解，教练员可以根据实际情况合理地安排练习内容和强度。

（2）了解学员的身体素质。学员的身体素质是有差异的，在学习一个新动作时，身体素质的好坏往往影响着技术动作掌握的快慢。例如，在学习五式太极拳“上三步”

时，部分学员学习热情高涨，但腿部力量有限，过大的运动强度，往往会适得其反。太极拳教练员应充分了解学员的身体素质，有利于合理掌控运动强度和运动负荷。

（3）了解学员的性格。心理学中将人的性格简单地分为：大胆冲动型、胆小害羞型、循规蹈矩型三类。在太极拳教学活动中，太极拳教练员应该提前了解各学员的大致性格，根据学员的性格，采取不同的教学方法和策略。比如在需要学员做动作示范时，大胆冲动型的学员较为适合；而胆小害羞型的学员教练员应给予鼓励；循规蹈矩型的学员教练应先表扬，再指出不足，学员会更容易接受。

2. 组织教学内容

授课内容的组织是指太极拳教练员在授课前根据学员具体情况，结合太极拳理论体系和拳架动作，有针对性地对教学内容进行组织和编制的过程。

一般来说，选择课程内容时要注意以下原则：

（1）教学内容要有针对性。太极拳教练员在实际的教学过程中，一般会受到学习时间、地点、人员配置等各方面的要素影响。这个时候，就需要根据学员的具体情况重新编排组织教学内容，有针对性地选择合适的教学内容。

（2）教学内容要突出文化价值和养生的实效性。在社会不断发展、综合国力明显增强的今天，社会人群的亚健康现象已经成为人们关注的重要问题。太极拳教练员在教学过程中，要善于结合太极拳的动作与养生的关系。拳是一种文化载体，时代和社会的主流思想不同，对“拳”也赋予了不同的时代意义和社会要求。在当今社会，“和谐”是主流的思想，也是普通民众的立身哲学。因此，在教学内容中应充分结合太极拳的养生与文化价值。

3. 提前备课

备课是指太极拳教练员根据太极拳课程标准要求和课程特点，结合学员的具体情况，选择最合适的表达方法和顺序，提前进行一个自我准备的过程。其目的是保证更好的教学质量，充分备课是保证教学质量的前提，有助于加强教学的计划性和针对性，有利于教练员充分发挥主导作用。

备课的主要内容：

（1）精研太极拳教材教学内容。太极拳教材教学内容主要包括太极拳的准确定式、太极拳的口诀以及太极拳基础理论知识三个方面。

太极拳教练员在课前必须明确各式拳架动作的定式要求（每个定式动作的手、脚的位置和身体的方向等）和口诀的教学内容（口诀的先后顺序），并能够运用太极拳基础理论知识指导太极拳技术教学实践。

（2）设计教学方法。太极拳教练员在精研教材、了解学员的基础上，要提前考虑需要采用什么方法才能使学员更好地掌握本节课的教学内容，要根据教学目的、内容、学员特点等提前设计出最佳的教学方法。

4. 教练员之间的沟通

太极拳教学中，常规的教练团队一般由一名主教和一名助教组成。人数比较多的大课教学，甚至由一名主教与三名乃至多名助教组成。在完整的太极拳教学过程中，主教与助教的协调和配合程度，直接关系到课程教学质量优劣。因此，在太极拳的教学过程中，教练员之间应该协调工作安排，明确分工，默契配合。

（1）教练团队的课前沟通。沟通的内容主要包括本节课的教学内容、教学方式，以及各个教练的负责区域等，做到协调和统一。

（2）教练团队教学过程中的配合。主教在教学中的职责是统筹全局、场面控制以及课程内容讲解，助教的职责是结合主教的教学思路积极配合主教教学。

2.1.2 教学方法

随着太极拳的普及和发展，太极拳的教学方法也逐步地形成其独特的体系。提高太极拳教练员教学水平，有利于标准和规范地传承和推广太极拳。太极拳教练员必须遵循太极拳教学规律和原则，不断地总结教学经验，以利于教学质量的优化。掌握太极拳的基础教学原则、基础教学方法、动作检验技巧和拳架的纠正方法和技巧，是太极拳教练员必备的基本技能之一。

1. 基础教学原则

（1）循序渐进原则。循序渐进原则是指太极拳教练员在教学中要根据人体生理机能活动的规律及动作技能形成的规律，合理有序地安排教学内容、方法和运动量。

人体生理机能活动的规律，一般是在活动开始时逐渐上升，逐渐达到并在一定时间保持较高水平，然后逐渐下降，恢复到原有水平，即上升—稳定—下降三个阶段。根据这一规律，学习内容的安排，要由易到难，由简到繁，由已知到未知，使学员能够系统、迅速地掌握基本知识、技能和技术。在套路教学内容安排上，可先学习简单的五式太极拳，然后在五式太极拳的基础上学习八式、十三式太极拳；在体系上由准确定式开始，逐步达到节节贯穿，虚实变化。在教授每个动作时，应先教授每个动作的定式动作，然后再运用口诀将太极拳动作连贯。

动作技能形成的规律一般有三个阶段：即粗略掌握阶段、改进和提高阶段、巩固和运用自如阶段。在粗略掌握阶段，往往动作不准确、僵硬呆板、不协调，不可自控地出现多余动作。而到了改进和提高阶段，动作越来越准确，口诀开始熟练，逐步变得协调，但仍不能运用自如。到了巩固和运用自如阶段，太极拳定式动作能准确、熟练、轻松地完成，基本能做到知行合一。

教练员在教学中要根据太极拳独特的规律，根据学员不同阶段的特点，按照循序渐进的原则，对学员开展行之有效的教学。

（2）因材施教原则。因材施教原则是指太极拳教练员在教学过程中，对于教学任务、内容、教法和运动量的安排，都要力求符合各学员的年龄、性别、身体状况，符合学员太极拳技能、技术的实际水平，符合教学气候、场地环境的实际情况等。初学者要从基本功、基本技术动作开始，练习最简单的基本套路；青少年身体素质较好，承受能力较强，运动量可稍大些，并且多注意基本功和基本技术的训练，用一定时间打好太极拳基本功；对于年长的学员，因身体素质较差，可多练基本技术动作，适量练习基本功，运动量可小些；因老年人具备丰富的生活经验，讲解时应多用些形象的比喻，适当增加逻辑思维教学，使学员更好地理解动作。对接受能力较差的学员，教练员要耐心，多给予鼓励，不能进行挖苦，更不能以其作为“反面教材”去纠正动作，切忌不能伤害学员的自尊心。对接受能力好，掌握动作较快的学员，教练员要在给予鼓励、肯定的基础上，进一步严格要求，使其有更大的提高，给其他学员树立榜样。教练员要注意不能只给学习能力强的学员予以指导，这样会挫伤相对学习差的学员的积极性。

只有在教学中积极贯彻因材施教的原则，才能使学员在思想上和行动上接受教练员，接受教学内容，接受教练员所安排的运动量。只有这样，才能保证教学组织工作的正常进行，从而达到良好的教学效果。

（3）精讲多练原则。精讲多练原则是指教练员在教学过程中，为了更好地完成教学任务、取得良好的教学效果，采用最精练的语言简明扼要地讲清动作概况、动作要领，使学员在明确动作要领和练习方法的情况下，有更多的时间进行实际练习。比如有这样一位教练员，开始上课时就讲个没完，东拉西扯；讲解每个动作也把前因后果、风格特点、动作原理、技术应用全部讲一遍；讲了一大堆，学员没比划几下课程时间就到了。学员听的时间比练的时间多，当然学习效果也不会理想。

一个高水平的教练员在授课时，应尽量没有多余的语言，真正体现精讲多练，把更多的课堂时间用在学员的动作练习上。

2. 基础教学方法

（1）示范教学法。示范教学法，顾名思义就是指在教学过程中，教练员先通过正确、规范的动作演示，让学员对本节课要学习的内容有一个大体的认识，然后再具体示范每一个动作，让学员边观看边进行模仿，从而达到良好的教学效果的过程。

教练员在示范动作的时候，务必要做到规范、准确，保证每一个动作都做到位。要从正面、背面、侧面等多角度、多方位地进行示范，避免漏掉每一个细节。如果有条件，要充分利用镜子来进行辅助教学，让学员参照镜子进行模仿和练习。

示范动作要注意点面结合，突出重点。首先让学员模仿几遍，把动作记住，然后重点讲解手脚的位置、身体的方向和运行线路。不仅要让学员尽可能把动作做出来，还要确保学员知道正确的动作是什么样的，尽量往正确的方向去努力。如果是复习课，就要针对学员普遍容易出现的错误动作进行详细讲解，让学员形成身体记忆。

（2）分解教学法。太极拳的动作看似简单，但由于它连绵不断、动作连贯性较大，因此学起来有一定的难度。这就需要把动作拆解开来，把一式动作分解为几个甚至十几个定式动作来学习，当掌握好定式动作后，再串联起来形成一个连贯的动作。

在教学中，可以采用“1234”教学法。先让学员对每个定式动作有一个初步的认识，然后再具体地讲解每一个定式动作的要求。比如，起势一共可以分为12个定式动作，每三个或四个动作为一组，等学员把这一组的动作记住并能独立完成时，再进行下一组的动作教学。这样，就可以把一整套复杂的动作变得简单易学，学员每学会一个定式动作都会有一定的满足感，不仅有助于提高学员的学习积极性，而且可以加速学员对于动作的记忆。

（3）口诀教学法。通过前面的分解教学，学员已经基本掌握了一整套动作的定式，可以独立完成一个套路的动作练习。但仅仅记住了定式动作是远远不够的，既然是太极拳，就要能体现太极的运动特点，也就是人们常说的以柔克刚、四两拨千斤。必须用符合太极拳运动特点的运行线路来形成口诀，把每一个定式动作连接起来，让口诀和定式共同构成一个完整的套路，只有这样才有助于形成良好的运动记忆。

口诀不仅仅起着连接定式动作的作用，它更是体现太极拳节节贯穿、四两拨千斤运动特点的重要环节。比如一个简单的“下沉、左转、移重心”的动作，如果不知道口诀的话，那么这个动作不同的人会出现不同的做法。但有了口诀，就可以统一按照口诀的要求来完成动作，“移重心”是目的，“下沉”“左转”是化劲的过程，同时也是不丢不顶、四两拨千斤的前提。如果先做“左转”或者先“移重心”，也不能起到不丢不顶的效果。因此，在口诀教学法中，太极拳教练员尤其要向学员强调口诀的先后顺序的重要性。

在太极拳的教学过程中，要自始至终地要求学员加强对动作准确性和口诀的重视。

（4）音乐教学法。音乐可以让人产生快乐、愉悦的情感，对人的精神状态有很大的影响。一曲悠扬婉转的音乐不仅能调整人的思维情绪，让人振奋愉快，唤起人们许多美好的回忆，还能刺激人的感官，让人有随音乐而动的快感。太极拳的练习常常在音乐的配合中进行，通过太极拳专用的音乐或者一些民乐、轻音乐，让练拳者身心放松，整理情绪，调整自身进入最佳的练拳状态。

太极拳的配乐一般都是我国传统的民乐，在其古典的音乐伴奏中，通过节拍的变化给人以听觉、动觉的强烈共鸣，使人的身体运动与音乐的情感活动发生直接联系，创造人体运动美的深刻内涵。在太极拳的教学演练中，这种民乐与拳术配合的形式，不仅可以使教学气氛变得轻松愉快，而且可以使两种中华民族优秀的传统文化完美结合，让学员在学拳的过程中沐浴在中国传统文化的浓厚氛围当中，领略中国传统文化的强大魅力。

3. 动作检验技巧

太极拳的动作检验是一种有效地判断拳架动作正确与否的练习方法。在课程教学中，合理地运用动作检验，可以大大提高学员定式和线路动作的准确性，让学员精确地感受到拳架准确与否。

在动作检验之前，教练员要有言语引导。动作检验配合正确、简洁、有效的言语引导，能使学员更清楚拳理要求和原理。

太极拳教学中，在动作纠正之前，必须在学员身上特定的部位加一个横向的外力，让对方感知错误的拳架，外力很难传到脚底。之后再给予正确的调整和纠正，检验正确和错误拳架的差别，让学员用身体直观感觉到“差之毫厘、谬之千里”，明白拳架准确的重要性。

太极拳的动作检验，包括定式动作的检验和运行线路的检验。

定式动作检验的方法就是让学员做好一个定式动作，然后给其身体加一个横向的外力，感受这个力能否通过身体精准地传递到脚底。

运行线路检验的方法就是让对方推着其特定的身体位置，检验其是否能够让对方在使不出力的情况下完成太极拳动作。如果让对方使出力的情况下做动作，那就是顶；而让对方使出力，完不成动作就是丢。因此，运行线路的检验是训练太极拳不丢不顶的一种方法。让对方推着自己做动作，其实就是太极推手的一种简化方式。

4. 拳架的纠正方法和技巧

教练员在实际的太极拳教学中，不可忽视拳架纠正的方法和技巧。教练员在动作纠正过程中需注意以下几点：

（1）站位。先在距离学员 1.5~3 m 处观察动作，找出问题，然后再予以纠正。纠正动作时避免从学员背后纠正。

（2）纠正顺序。坚持“从下到上”原则，先纠正脚部的位置方向，其次纠正重心的位置，然后纠正手的位置及掌心、指尖方向。先纠正整体框架，再纠正动作细节。

（3）礼仪。教练员在纠正学员动作的时候，接触面积和力度不宜过大，不宜出现点、拍、戳等过重动作。

（4）严格要求。严格要求并不是说提出要求越高越好，教练员提出的要求，应该在学员力所能及的范围之内，在保证尽量符合定式和口诀的前提下，因材施教。

2.1.3 教学总结

教学总结是指把一个时间段的教学工作进行一次全面系统的总检查、总评价、总分析、总研究，并分析成绩和不足，从而得出引以为戒的经验的过程。教学总结，需要对已经做过的工作进行理性的思考。教学总结与教学计划相辅相成，要以教学计划为依据，它有一条基本规律，即计划—实践—总结—再计划—再实践—再总结。

太极拳教练员的教学总结是对太极拳教学活动的工作总结，用以评价教学质量的好坏，找出教学过程中存在的问题，给出对未来教学活动的建议。每节课完成后都要进行教学总结，这是太极拳教练员基本的工作内容之一，也是上课流程中的重要一环。

教学总结可以分为课上总结和课下总结两部分：

（1）课上总结。课上总结，是在一节课结束前 5 min 左右的时间，教练员用简洁、精练的语言，对本节课内容进行回顾和梳理，指出重点、难点以及学员普遍容易出现的错误，并给出正确的解决方法。它是针对学员本节课学习情况的总结，是整节课的一个收尾，与上课初始时的复习一样重要。

通过教练员的总结，学员们可以重新回忆本节课所学的技术，检查定式和口诀是否正确掌握，找到自身存在的问题以及容易犯的错误，对本节课内容的掌握程度有一个直观的认识。

（2）课下总结。课下总结是指教练员在课程结束之后自主进行的、针对本节课内容的完成情况、出现的问题与不足以及今后上课时应做出的调整状况而做出的工作总结。它对于提高教练员上课质量、完成教学计划具有十分重要的意义。

课下总结主要应该针对以下几个方面：

1）学员对本节课太极拳技术的掌握情况。一节课结束后，检验学员是否能够在没有提示的情况下把教练员所教授的新动作独立地完成。如果学员不能完成动作或者需要经过长时间思考才能勉强将动作完成，就可以视为教学事故，也就是说本次教学是失败的。

2）学员对定式和口诀的掌握情况。对于新学员，可以根据学员身体状况适当降低要求，但对于已经能够熟练动作的学员，就要对定式和口诀做出具体要求。一节课结束时，教练员要确保学员清楚本节课动作中包含的定式要求和口诀要领，能够大体将定式和口诀复述，对常出错的地方要明确定式和口诀的要点，在意识上要主动往正确的方向去努力。

3）教练员之间的协作配合情况。总结在太极拳教学过程中，主教与助教的协调和配合是否默契，分工是否明确。只有在教学过程中不断总结教学经验，加强教学团队的凝聚力，才能将教学效果发挥到最佳状态。

4）教学方法、技巧的运用情况。教学方法和技巧在教学中有至关重要的作用，能否按照科学有效的教学方法上课，关系到学员的学习态度、学习质量。因此，在教学总结中，反复琢磨教学方法到底运用是否恰当是十分重要的。比如初学太极拳的学员往往采用“1234”教学法比较适宜，而习练多年的学员则适宜选择口诀线路教学法。因材施教的教学，才能在教学中事半功倍。

2.2 太极拳教练员的教学注意事项

2.2.1 授课着装和肢体语言

1. 授课着装

穿衣着装是美化人体的艺术，它直接反映一个人的精神面貌、文化素养和审美水平。如果太极拳教练员衣冠不整、不修边幅，不仅会显得本人缺乏修养，而且会有损于公司的形象。因此，着装对于教练员而言，至关重要，不可小觑。如何使着装既符合礼仪要求，又体现职业身份，关键是做到“五要”。

一要整洁。整洁是着装的基本要求。这并不是要求衣着华丽鲜亮，一味地追求品牌，而是要做到干净平整，朴素大方。保持着装整洁，主要是靠“四勤”。一是勤换。衣服常换常新，适时更换，不仅自己感觉更有精神、更加自信，而且能让他人产生一种视觉上的变化，给人一种积极向上的感觉。二是勤洗。干净是对着装最起码的要求。有的人认为自己做的都是台下幕后的工作，衣服脏一点无伤大雅，其实这是不对的。脏兮兮的衣服不仅暴露了自己的懒惰，也会“污染”别人的视觉，让人觉得不舒服，是对他人的不尊重。三是勤熨。“人老怕皱，衣服怕褶。”衣物不怕旧，就怕不保养，要坚持做到衬衣熨烫平整，裤子熨出裤缝，始终保持笔挺有型。四是勤检查。每天出门前要对自己的着装进行认真的检查，衣扣、裤扣是否扣好，裤带、鞋带是否系好，衣服上是否有污点、脏物等，发现问题及时处理。

二要合体。合体就是追求着装与人体特点的统一。服装只有与人体相适合，衣服的色彩、式样、比例等均相宜于人体的“高、矮、胖、瘦”，显得自然而协调，才能真正穿出艺术，穿出风采。

三要规范。不依规矩，不成方圆。礼仪最重要的一个特点就是讲究规范。具体到着装，遵循那些约定俗成的规矩和惯例也非常重要。如男性人员在穿西服时，必须牢牢把握“三个三”的要求。一是“三色原则”，即身上服装的颜色搭配不能超过三色，包括外套、衬衣、领带、皮鞋和袜子；二是“三一定律”，即腰带、皮鞋、袜子要保持一色（通常以黑色为佳），如带有公文包，颜色也应一致；三是“三大禁忌”，即一忌西装袖口的商标不拆，二忌在正式场合没穿西装也打领带，三忌穿尼龙丝袜和白色袜子。同时，还要注意着装的严肃性。如穿西装就应该打领带，领带长度以到皮带处为宜，若穿有马夹或毛衣，领带须放在里面，领带夹一般夹在衬衣的第四、五粒纽扣之间。如果是三粒扣的西装，可以只扣第一粒纽扣，也可以扣上面两粒纽扣，但切忌只扣下面一粒纽扣，而将上面两粒纽扣敞开。

四要适事。适事就是着装要注意不同的活动场合。着装不仅是为了好看，而且是为了更好地工作。必须针对不同的场合选择不同的着装，如果不懂得变通，就有可能显得不伦不类，甚至闹出笑话来。如参加会议、接待客人等就应该身着正装，如西装、制服等。

五要适时。适时就是追求着装与自然界的和谐。与自然界的种种变化相适应，有春夏秋冬、风雨阴晴的着装。根据四季的变化着装，不仅合乎时宜，而且有利于人体健康。

总之，在生活着装上应做到大方优雅、整洁得体，既体现自身气质，又维护公司形象。

太极拳教练员的授课着装要求：太极拳教练员在教学过程中不仅是在传授太极拳知识，更重要的是通过自身形象进行一种潜移默化的教学影响。教学过程中注重着装形象可以更好地增强太极拳教练的个人魅力，有助于提高太极拳教学的整体质量和效果，更好地为学员服务。因此，太极拳教练员着装应符合自己的性格特点、年龄特点、职业特点，大方得体，给人以稳重高雅的美感。太极拳教练员在授课过程中提倡穿白色太极拳服和白色太极鞋。

2. 肢体语言

肢体语言是人的身势语或手势语，它属于非语言信息，是一种社会文化现象，是太极拳教学中不可缺少的语言因素。包含于太极拳教练员身上的肢体语言美的因素是多方面的，而这些因素又对太极拳教练员言传身教产生积极作用。优秀的太极拳教练员为使课堂讲演语言充满活力，非常善于借助于肢体语言巧妙地表达授课内容和思想感情，以深化课堂教学的主题，使课堂教学更生动、更完美、更富有艺术感染力。

（1）眼神。眼神是太极拳教练员与学员进行信息和情感交流的微妙渠道，也是组织教学的重要途径。学员透过教练员的眼神可以领悟到教练员的情感和意图。

（2）面部表情。太极拳教练员的面部是学员视线的焦点，教练员面带微笑授课，学员会感到亲切、轻松、愉快，教学气氛融洽、和谐，学员学习积极性高涨，学习效果自然就好。

（3）手势。每一种手势都有其特定的含义，太极拳教练员在课堂上手势的运用必须定位准确、表意清晰。如果手势运用不当，不仅达不到预期的效果，甚至会适得其反。比如直指学员的手势有失尊重，将手插入口袋显得有些随便，过多的手势会使学员无从理解而产生误导，单调的手势会使学员感到乏味和厌倦。

2.2.2 教学过程中突发状况的处理

在太极拳教学过程中可能会出现一些事先难以预料的特殊状况，这些超出太极拳课堂常规的、突然发生的、需要及时处理的特殊状况称之为突发状况。突发状况的出现打断了教练员的正常教学安排，造成了教学干扰，如果处理不当，轻则影响教学效果，重则影响教练员或行业形象，甚至造成人员伤害事件。在当今“健康第一、以人为本”的思想指导下，如何正确有效地处理和防范课堂突发状况已成为职业太极拳教练员必须具备的能力之一。

在太极拳教学中有很大一部分的肢体运动和一些身体对抗活动（如推手等），这个过程中出现的突发状况主要指一些突发性运动损伤。

1. 太极拳教学过程中突发事件的产生原因

（1）太极拳教学的部分项目本身存在一定的危险性。在太极拳的教学中，套路教学虽然属于非对抗性项目，但存在一些有一定难度的动作，如转身摆莲、腾空二起脚等。另一方面在推手的教学实践中存在一定的对抗性，身体的相互接触很容易出现碰伤、撞伤等突发事件。

（2）学员身体素质差。部分学员本身存在着特殊疾病或器质性疾病，假若授课的太极拳教练员并不知情，在进行教学的过程中没有循序渐进、区别对待，就很容易导致课堂突发状况，为太极拳的教学埋下重大安全隐患。

（3）教学设计不充分，组织管理不合理。部分太极拳教练员安全意识不强，思想上不够重视，在教学设计中考虑不全、备课不充分，缺乏有效的组织管理，如对练拳场地安排的不合理，课程的运动强度、难易程度安排不科学等。

2. 突发状况的防范措施

太极拳的教学过程中存在一些不稳定因素是课堂突发事件的源头，对于教学过程中的突发事件关键在于预防。

（1）重视太极拳活动的显著特征。太极拳是一项具有技击性的武术项目，动作复杂难度较大，这要求教练员对学员身体素质要有一个基本的了解并积极沟通，根据学员的身体状况合理安排教学内容。

（2）太极拳教练员应该提高安全意识。太极拳教练员课前要备课充分，准备工作做到位，课程开始阶段要有适当的热身活动，区别对待体质差或者年龄大的学员，并提前做好教学中可能出现的安全隐患预防工作。与此同时，还要增强责任心，提高业务水平，精心选择适当的教学方法，设计合理的教学步骤，规范技术动作，讲解充分、示范准确、因材施教。推手教学中要注意保护学员，教练员还应该具备一定的急救知识，培养对突发事件的处理能力，从而顺利完成教学任务。

（3）加强太极拳练习场地的安全管理。在太极拳教学过程中应不断完善教学场馆，及时关注场地设施是否存在安全隐患，如上课前地板有水渍应该及时擦干，避免学员完成动作时滑倒摔伤，教学场地周围有无尖锐或者不安全的摆设等，为太极拳教学提供一个安全舒适的环境，从而最大限度地减少和预防太极拳课堂突发状况的发生。

3. 突发状况的处理

在太极拳教学过程中发生突发状况是难以避免的，一旦发生要及时妥善地处理，如果处理不当，不仅会使学员健康受到伤害、给太极拳的教学带来负面影响，也将影响到教练员或者整个太极拳行业的形象。因此，突发状况发生后，教练员要采取必要措施及时终止或减少伤害的发生，要对受害者采取相应的医疗救护措施。在处理突发状况时应遵循“依法、及时、公平公正”的原则，迅速妥善地处理，把所造成的伤害降到最低限度。

（1）准确的判断。通过询问、观察，迅速判断学员出现了什么样的状况，状况是怎样造成的，做出准确的判断。这就要求太极拳教练员掌握一定的运动医学常识和急救常识。

（2）稳定情绪。太极拳教练员首先要稳定自身情绪，状况既然发生了，不可慌张，同时也需要稳定学员的情绪，做到有条不紊。

（3）预防二次突发状况。当无法判断学员状况出现的原因和部位时，如突然地晕厥、痛苦地倒地等，应及时制止其他学员的搀扶和拉拽，避免造成二次突发状况，让其保持原有姿势或静躺，等专业医务工作者赶到处理。

如果是简单的外伤或扭伤，教练员可根据情况做简单的先期处理，如扭伤可先冷敷。然后再做进一步处理。如果教练员不能准确判断病情、病因的情况下，切记不能擅自处理，要及时和医院取得联系，力求尽快护送伤者到医院救治。不要存在侥幸心理，出现突发状况不要隐瞒，不推脱，要积极面对，及时沟通，力求圆满妥善处理好突发状况给学员带来的痛苦，同时也要注意保护自身的正当权益。

本章测试题

一、判断题（请将判断结果填在题后的括号内，正确的填“√”，错误的填“×”）

1. 充分备课是保证教学质量的前提，有助于加强教学的计划性和针对性。（　　）

2. 总结是指教练员在课程结束之后自主进行的、针对本节课内容的完成情况、出现的问题与不足，以及今后上课时应做出的调整状况而做出的工作记录。（　　）

3. 借助于肢体语言巧妙地表达授课内容和思想感情，可以深化课堂教学的主题，使课堂教学更生动、更富有艺术感染力。（　　）

4. 对于教学过程中的突发事件关键在于预防。（　　）

二、单项选择题（选择一个正确的答案，将相应的字母填入题内的括号中）

1. 教学中根据人体生理机能活动的规律及动作技能形成的规律，合理有序地安排教学内容，这坚持了（　　）教学原则的。

A. 精讲多练　　B. 循序渐进

C. 因材施教　　D. 知行合一

2. 太极拳教练员运用示范教学法时要注意（　　）。

A. 确保每一个动作都做到位　　B. 正面示范

C. 背面示范　　D. 侧面示范

3. 对于检验教学法目的的阐述不正确的是（　　）。

A. 更好地理解动作的原理和作用，增强记忆

B. 增添学习乐趣，调节课堂气氛

C. 延长上课时间

D. 感受正确与错误动作的差别

4. 对于课堂突发状况的处理，不正确的是（　　）。

A. 稳定情绪　　B. 搬离教学区域

C. 预防二次突发状况　　D. 准确判断

三、简答题

1. 简述太极拳教学中应该遵循哪些教学原则。
2. 简述太极拳教学中拳架的纠正方法和技巧。
3. 简述太极拳教练员的授课着装要求。
4. 简述突发状况的防范措施和处理方法。

第3章

太极拳教练员的演讲表达

本章提要

在太极拳教学中，良好的演讲和表达技巧的运用可以使教练员更好地和学员、客户交流，建立良好的教学关系。本章介绍了演讲目的和意义，要求太极拳教练员重点掌握演讲的准备知识和演讲过程中的有效技巧。

3.1 演讲概述

演讲又叫讲演、演说。这一概念，在西方最早见诸《荷马史诗》。公元前390年苏格拉底在雅典创立的修辞学校，就是第一个专门培养演说家的教育机构。昆体良是古罗马著名的演说家，《论演说家的教育》《演说术原理》《雄辩术原理》等是其代表作。

中国最早的一部历史文献《尚书》中记载的“甘誓”就是公元前21世纪夏启和有扈氏战于“甘”这个地方的战前动员——演讲。唐代李延寿《北史·熊安生传》中有：“公正（尹公正）于是有所疑，安生皆为一一演说，咸究其根本。”“演说”在李延寿看来是释疑解惑。另外“演讲”在古代有的称之为“言辞”，有的称之为“谈说”。

演讲是以“讲”为主，以“演”为辅，是“讲”与“演”的统一，切不可简单地理解为“表演+讲话”。演讲作为一种社会实践活动，不仅具有社会性，同时具有艺术性。“晓之以理，动之以情，喻之以利，导之以行。”语言是人们在彼此交流中得以传情会意，增强了解的一种极其重要的交际工具。人类社会生活的方方面面，都直接或间接以语言为工具。有声语言是演讲活动中最主要的物质媒介，所以离开了语言表达就无所谓“演讲”。

子曰：“情欲信，辞欲巧。”至此，可以把演讲定义为：在特定的时空环境里，借助有声语言和相应态势语言的艺术手段，针对现实中的某个问题向听众传递信息、表述见解、阐明事理、抒发感情，从而达到感召听众并促使其行动的一种现实信息交流活动。

近年来，随着社会经济的发展，人与人之间交往越来越频繁，演讲技巧在学习和工作中发挥的作用也日益显著。丰富演讲与口才知识，提高语言表达能力，不仅是当今社会在职工作人员的必备条件，也是现代化太极拳教练员必须具备的技能。一个人的讲话水平，可以决定他的生活层次，一个企业员工的整体讲话水平，可以决定企业的发展速度，一个国家公民的整体讲话水平则决定这个国家的兴衰，以及其在国际竞争中的成败。因此，在实际的太极拳教学和双方沟通过程中，良好的演讲和表述技巧的运用，可以使太极拳教练员在同等的起跑线上占据一个良好的开端，可以使其更好地和学员、客户交流，它是建立良好教学关系的必要条件。

从古埃及、古罗马，到现在的欧美各国，一直把演讲的口才技巧当作一门学问来对待，对它进行深入研究。早在第二次世界大战期间，美国人就把“口才、金钱和原子弹”看作是赖以在世界上生存和竞争的三大法宝。如今虽然“电脑”代替了“原子弹”，但是“口才”仍居三大法宝之首。不管是政界的领袖毛泽东、列宁、克林顿、奥巴马，还是商界的成功人士比尔·盖茨、马云、俞敏洪等，他们无一不是具有出色的演讲口才的。从他们身上可以得出这样一条结论：古今中外大多数的成功人士都是善于与公众讲话和沟通的大师，太极拳教练员要成为受信赖、受尊重的太极文化传播者，同样也必须具备这一优秀素质。

子贡曰：“出言陈辞，身之得失，国之安危也。故辞不可不修，说不可不善。”英国一代名相丘吉尔也曾说过：“在上帝赋予人类的所有才能中，没有比拥有演讲天赋更珍贵的东西了。”所以，作为一名优秀的太极拳教练员，一定要认识到演讲的重要性，要认真地学好演讲的相关知识，平时在教学和其他太极拳活动中要努力锻炼和学习，因为演讲能力可以通过日常训练得到提高。日日行，千里不在话下；天天读，万卷亦非难事；时时练，演讲能力日益增强。

3.2　演讲前的准备

戴尔·卡耐基在总结成功的演讲经验时说过：“一切成功的演讲，都是来自于充分的准备。”其实，对于演讲而言，没有准备，就是准备失败。什么是最好的准备？就是时刻准备着。如果演讲就像是攀登一座高山，那么重点不是这座山的高度，重要的是该怎么准备才能攻上巅峰。

3.2.1　分析听众

美国前总统林肯说过：“当我准备发言时总会花三分之二的时间考虑听众想听什么，而只用三分之一的时间考虑我想说什么。”众所周知，打仗要知己知彼，方能百战不殆。

任何一种演讲，其成功的关键都在于听众对演讲的接受，因为听众才是这个场合的中心人物，而不是演讲者。因此，演讲者必须了解在演讲开始之前，就必须掌握听众分析的两个重要因素，即听众类型分析和听众心理特征分析。

1. 听众类型分析

一场具体的演讲，必须事先了解听众的构成，以便有针对性地做好演讲材料、演讲技巧、演讲风格的准备。从参加演讲会的目的来看，听众大致可分为以下六种类型：

（1）慕名而来。一般人群对各类名人都怀有一种敬仰、钦慕之心。比如，当著名政治家、科学家、演讲家、体育明星、影视明星等发表演讲时，往往有大批听众慕名前往。此类听众大多是为了一睹名人风采，他们一般不太计较演讲水平的高低。同时，潜在的崇拜往往使名人们的演讲在听众中激起异乎寻常的热烈反响。

（2）求知而来。为了获取新的知识和能力，听众会自觉选择那些能满足自身求知欲的演讲。文化讲座、拳术辅导、国内外见闻等演讲能够吸引大批听众的原因正是因为这些演讲满足了听众的求知欲望。此类演讲只要内容充实、条理清晰，听众一般不会过于挑剔演讲技巧。

（3）存疑而来。听众对自身渴望了解的演讲话题总是抱着极大的兴趣。例如，关于太极拳的准确性、三分钟体验真正太极拳的魅力、养生问答等演讲，如果关系到听众的切身利益，听众会十分主动地参与到演讲交流过程中来。此类听众只要求演讲者把演讲内容交代清楚，他们对演讲者的身份、地位和演讲水平不会有苛刻的要求。

（4）捧场而来。在某些演讲中，往往有一些演讲者的朋友、学员或学员的朋友前来助威和捧场。这类听众的人数虽少，但在渲染演讲会场气氛、调动其他听众情绪方面却能起到极其重要的作用。这就好比体育比赛一样，东道主往往因“地利人和”而占据优势地位，其主要原因是拥有自己的捧场者。

（5）娱乐而来。一场优秀的演讲，往往充满了活力激情的气氛，具有一定的娱乐性。仅仅“看热闹”这一条理由就已经能够吸引许多热心的听众。不过，在为娱乐而来的听众的潜意识中，还有一些听众隐藏着他们对高水平演讲者的崇拜和学习演讲的欲望，这是一批优秀的听众。

（6）不得不来。工作报告、经验交流、各种会议附带的演讲中，有相当一部分听众是由于纪律约束或出于礼貌而不得不来的。这类听众对演讲内容不甚关心，演讲过程中心不在焉，态度冷漠。要征服这类听众，演讲者必须具有高超的演讲技巧。

2. 听众心理特征分析

一场演讲，必然会由许多人聚在一起。心理学上的研究表明，当形成一个群体时，人们的心理状态较之独处时会有一些明显的变化。作为一个优秀的演讲者，在演讲开始之前，对听众可能存在的一些心理特征有所准备和了解，是十分有利于演讲者水平的良好发挥。现列举几种听众在接受演讲信息时的主要心理特征。

（1）集体行为中的感染力。“感染”指的是感情或行为从一群人中的一个参加者蔓延到另一个参加者。一个头脑冷静而理智的人，一旦进入某一规模的群体之中，常常会放弃平常抑制自身行为的社会准则，而与集体中的其他成员相互刺激并产生强烈的情绪和行为上的反应。即集体中的个体成员对任何种类的情绪暗示都易于接受，进而会像周围的人那样行动。政治信仰者的狂热、足球迷的骚乱、“追星族”的疯狂，都表现了集体行为中感染的力量。

演讲中，也往往出现少数人笑，众人皆笑；少数人鼓掌，众人皆鼓掌；少数人打哈欠，众人皆有睡意的现象。善于演讲的人都会控制、调节听众的情绪，能把握演讲成败的关键时机。他们能适时煽动起听众的热情，把演讲推向高潮；也能及时发现听众的不耐烦情绪，以主动出击的方式控制消极情绪的蔓延。

（2）自我中心的功利目的。某些演讲失败，并不完全是演讲者缺乏足够的准备，而是听众对与自身所了解的知识联系不紧密的演讲缺乏兴趣，比如和一个完全没练过太极拳的人谈节节贯穿。听众往往考虑那些与他们切身利益密切相关的事情，如改善睡眠、强腰固肾、舒缓心理压力等话题总是比环境数据、都市人群数据等话题更引人关注。因此，演讲者应充分注意听众的兴趣和利益，不论何种类型的演讲，应从听众角度精心选择和设计时间的分配，疑难问题的解答，精神上的娱乐和放松等内容，都应该能满足听众“自我中心”的需求。

（3）抓住有限的注意力。实验报告显示，人类注意力的持续时间非常有限。以一个单位对象为标准，人类注意力持续时间只有 3 ～ 24 秒。人的大脑时刻准备接受新的刺激。演讲实践也表明，听众很难聚精会神倾听一个冗长的演讲。因此，演讲者应有意识地制造演讲内容的起伏跌宕，适时变换语调和节奏，以保证能够持续吸引听众的注意力。

3.2.2 确定主题和结构

演讲者在对即将面对的听众有所分析和准备后，接下来要做的工作就是要对自身将要演讲的主题、内容信息量、演讲时长等方面进行清楚的分析和计划，这样才能做到有的放矢、针对性地准备讲稿。

1. 主题的确定

主题，也叫主旨、观点、中心思想，即演讲者通过全部演讲内容所表现的一种思想或意向，又是全部演讲稿组成成分的“统帅”。演讲的主题是整个演讲的灵魂，主题选取的巧妙，能让演讲更加顺畅自如、出类拔萃。

演讲的主题、题材是相辅相成的，它们之间有联系，但又有所区别。题材是指在演讲中讲某一方面的问题和内容，而主题则指整篇演讲所传播的一种思想和意向。演讲稿写作与文学创作不同：文学创作若先定主题易导致内容公式化、概念化，被称为“主题先行论”；而演讲稿写作则动笔前必须把主题确定下来，并在它的统帅下调动材料、安排结构、运用语言、形成文稿。确定主题应注意以下几点：

（1）要科学、准确。演讲者确定的思想、意向要符合事物一般规律，不产生谬论和歪曲真理。

（2）要符合时代精神、与时俱进。演讲者所选取的主题要跟上当前最新的形势，因为时代和社会是不断向前发展的，当前主流的社会思想也在变化，演讲者的主题不能脱离时代的思想和需求。

（3）要有积极、进取的精神。演讲者的主题所传达的思想、意向，要具有鼓舞力和正能量，催人上进，使听众产生“马上行动起来”的激情。

（4）要富有建设性。演讲者在演讲过程中，不要单纯地否定和指责批驳，而必须在“应该怎么办，怎么样操作更合理”等方面加大内容，提出建设性的意见。

（5）要旗帜鲜明。演讲的主题要鲜明、突出，让听众很清晰地知道演讲者的思想、意向、所持有的观点、态度，忌讳含糊其辞、模糊不清。

（6）要集中单一。一篇演讲稿只能集中地讲述一种思想或意向，主旨分散或多个中心，容易导致什么都想讲，却什么也没讲清楚的后果。

2. 结构的确定

合理的演讲结构是演讲成功的基础。结构是在确定演讲主题的基础上更深一步地推敲怎么开头、如何收尾、哪一部分是演讲的重点、哪些内容可以简单略过、怎样承接等问题的工作。

演讲稿的结构可分为标题、称谓、开头、主体、结尾五部分。

（1）标题。标题的形式很多，常见的有以下几种：

1）概括式。概括主题或演讲范围。

2）设问式。提出演讲的主要问题，引发听众思考。

3）鼓动式。常用祈使句点明演讲目的，号召听众行动起来。

4）比喻式。用比喻点明演讲的主题。

5）场合、背景式。在标题说明演讲的场合、背景。

（2）称谓。对听众的称呼，如“各位老师、同学们，女士们、先生们”等。

（3）开头。演讲稿的开头有两个作用，一是揭示演讲的主题，让听众知道演讲的内容。二是吸引听众，使听众对演讲主题感兴趣。开头常见的有以下几种：

1）开门见山式。在开头直接说明演讲主题。

2）提出问题式。在开头提出听众关心的问题，引起听众的思考，以此引出演讲主题。

3）引用名句式。在开头用名言名句引出演讲主题，增强演讲的说服力。

4）实例导入式。以生活事例、故事、数据等开头引出演讲的主题，能增强听众对演讲主题的兴趣。

5）现场引入式。从现场活动说起，引出演讲主题，更能说服听众。

在实际演讲中，演讲稿的开头形式很多，除以上几种外，还有背景介绍式、设置情景式、幽默调节式、综合式等。

（4）主体。由于演讲的范围很广，所以演讲稿主体的结构形式很多，难以一概而论，这里介绍常见的几种结构形式：

1）并列式。把演讲内容分成并列的几个部分，如演讲稿《书——开启人类智慧大门的金钥匙》主体部分分为“藏书，我比较求多”“读书，我比较求博”“写书，我比较求精”“用书，我比较求活”四个并列的层次充分论证了主题。

2）递进式。几个层次之间是一种层层递进、层层深化的关系，如演讲稿《美好的生活从少生开始》开头提出观点“美好的生活从少生开始”，主体部分先举例批驳“我国地大物博、物产丰富，犯得着计划生育？”的错误观点，然后分析“控制人口增长，有利于经济发展”，再提出“要晚婚晚育”“少生优育”。先提出问题，再分析问题，然后提出解决问题的措施，层层深化地论证了观点。

3）时间顺序式。按照时间先后安排内容，夹叙夹议。如温家宝总理 2003 年 12 月 10 日在美国哈佛大学的演讲《把目光投向中国》主体部分由“昨天的中国，是一个古老并创造了灿烂文明的大国。”“今天的中国，是一个改革开放与和平崛起的大国。”“明天的中国，是一个热爱和平和充满希望的大国。”三部分构成，按照时间顺序向美国大学生介绍了中国的历史、现状和未来。

（5）结尾。演讲稿的结尾有以下几种常见形式：

1）总结全文式。在结尾总结全文的要点，以加深听众的印象。这是最常见的结尾形式。

2）鼓动听众式。在结尾提出希望或号召，以饱满的激情鼓动听众。

3）主题升华式。在结尾进一步揭示所讲事件和主题的深刻意义。

4）表态式。在结尾进一步表明自己的态度和决心。

3. 选择材料

材料的充分、可靠和典型的程度，都是决定演讲稿优劣质量的重要标准。

（1）选材的方法。首先，对材料进行分析。材料是客观存在的，演讲者需要对同一个材料进行不同角度的分析，然后选取出最契合演讲主题的角度进行提炼，转化后为演讲内容服务。

其次，在分析的基础上进行鉴别。即把它们的本质意义和所能说明的问题做一番比较，把与演讲主旨相关的留下，不相关的舍去，做到材料和主旨统一。

（2）选材的原则。一篇优秀的演讲稿，必须是一个全新的完整体系。所以要把来自不同方面、不同渠道的材料进行转化和整合，即要通过某些规律性的主线进行串编。另外，由于演讲稿的篇幅有限，演讲者所准备的材料不可能都写进演讲稿，这就需要对材料进行一次新的选取。对材料的选取，一般依照下列原则：

1）以主题为根据，选取能充分、恰当展现主题的材料。

2）选取具有典型的材料。

3）选取真实、可靠、具体的事实材料。

4）选取新鲜、有趣的材料。

5）选取符合自己身份的材料。

3.2.3 精心准备、注意细节

成功的演讲有两个诀窍：准备和练习。花时间做好准备，演讲成功的机会就会大大增加。先要确定演讲的目的。准备工作的每一个步骤始终要围绕演讲目的进行。只有这样，才能保证准备工作的针对性强、效率高。另外，演讲前做好充分的准备，也能更好地应对突发事件。

1. 幻灯片的准备

在现代社会，越来越多的演讲会借助先进的多媒体设备，如幻灯片等。但作为演讲者，要牢记一个重要的原则：演讲者才是演示的主角。使用幻灯片的目的并不纯粹只是在上面写上一些东西代替演讲者的话术，而是用于优化演讲效果，使演讲的内容更容易被记住。在演讲过程中，幻灯片的使用常遵循以下原则：

（1）使用简单平实的背景。一个简单的背景，可以使要演示的内容达到最佳的效果，而一种柔和、中性的颜色，能保证观看的舒适性。应尽量避免使用一些亮度很强、图案复杂的背景。

（2）使用清晰的字体。一种清晰的字体，可以使每个听众都看得清晰舒服。一种清晰的字体必须具备形状简洁、没有太多细节等特点，应避免使用一些装饰性的复杂字体。

（3）每一张幻灯片只强调一个要点。演讲者才是演讲的一号主角，幻灯片只是帮助听众记忆，它的作用是辅助性的。收起那些细节点，只在幻灯片上强调最重要的东西。而那些细节点，则通过演讲话术表述出来。

（4）风格要统一。每一页幻灯片的内容多种多样，特别是一些图案及图片元素方面，都要使它们看起来风格协调统一。而要达到这个效果，可以借助颜色、字体及版式的统一来实现。

2. 演讲前的准备内容

（1）适当的演练。成功 =10% 的天赋 +90% 的努力，不管多么优秀的演讲者，都会提前对将要演讲的内容进行反复练习，并且做必要的斟酌和改进，适当的模拟和演练，有助于提前进入状态，保证演讲的良好发挥。

（2）保护好嗓子。演讲的前提是有副好嗓子，因此不管怎样地练习，保护好嗓子也是很重要的。不要练习过程中朗读时间过长，要在练习时随时喝水，一些保护嗓子的水果和药物也是可以借助的。

（3）预估演讲时间。要提前根据活动或会议的流程，预估好演讲的时间，还要预留答疑时间（建议解决 3 个问题）。根据需要，答疑可以放在演讲结束后，也可以在每一段的结束后。重要的演讲，事前先做好排练。

（4）场地与设备的检查。即将要开始演讲了，这时候应提前进入演讲场地，检查相应的演讲设备是否正常。比如，检查电源插座是否够得着计算机，是否需要提前准备好插线板；确保计算机的电量足够支撑整场演讲；检查好计算机和投影仪的连接，看是否可以正常切换；如果演讲过程中需要上网，就需要事前确认好会场的网络情况；观察会场光线、温度，以决定是否需要开灯或开空调等。

3.3 有效的演讲技巧

一个人平均每天说话的数量是 7 000 个字左右。尽管人们每天都在表达，但是往往成效不大，作为一名演讲者更需要懂得如何让听众记住他所传达的信息。演讲者要让听众更容易记住他的言辞，必定需要一些经典的技巧和方法。这些基于古老而又实用的演讲技巧，可以帮助演讲者在演讲过程中抓住关键，打动人心。

演讲技巧一旦被演讲者掌握，就会终身为其所用。演讲者熟练地掌握好演讲技巧之后，才可以将注意力集中在听众身上，并运用自如地与全场听众交流互动，从而达到预期的演讲效果。

3.3.1 简短的案例：用起伏的情节吸引听众

听众往往很难记住一连串的数据，但是听众很容易记住一个经典的故事或者简短的案例。因为大脑的处理方式，更愿意全神贯注地聆听一个小故事或者小案例，即使这个故事本身是滑稽的，甚至不符合逻辑或者是虚拟的神话。用起伏而有趣的小案例，很容易吸引听众的注意力。

有目的性地讲解一些简短的案例，可以贯穿在整场的演讲中，它能使演讲内容丰富形象，更清晰地将演讲者需要表达的思想和听众联系在一起，并对听众产生影响。一则简短的案例可以形象地表达演讲者的主题，而避免了简单枯燥地直接表达观点。案例或者故事能将演讲者与听众之间建立起一种联系，让听众产生认同感，会激发听众产生共鸣。演讲者可以通过案例展现某些价值，不仅是在讲述一件事情，更是在增进听众的理解。自人类诞生以来，讲故事和案例就被人们当作教育的重要方式。同时，一则经典的案例分享也具有传达感情的作用，让听众感同身受。

在分享案例的过程中，主角总会在其中遇到各种困难和问题，犹豫不决，总得在某个时刻有些奇遇，并做出抉择，抉择越难，故事就越精彩，带些神秘的色彩，通过一些意想不到的结果和惊喜呈现给听众。最好将听众拉到情景中,使之有身临其境之感。

客观的描述案例是这一方式的关键原则，听众天生是叛逆的，如果演讲者太过于夸张案例事实，听众往往会产生逆反心理。

常见的案例来源：

1. 太极拳教练员平时教学中的积累。
2. 个人生活的积累和阅历。
3. 新闻报道中的相关事件。

案例类型要与演讲主题密切相关，主题类型常见的有两种：一种是警示性的案例分享，这一种案例主要警示听众面临可能发生的隐患和危险；另一种是励志或快乐感觉的案例分享，这种案例集中表现习练太极拳之后所获得的各种幸福感。其实最好的案例是来源于真实的生活，真实不是简单地编造起来的，有时候，如果能深入地思考，

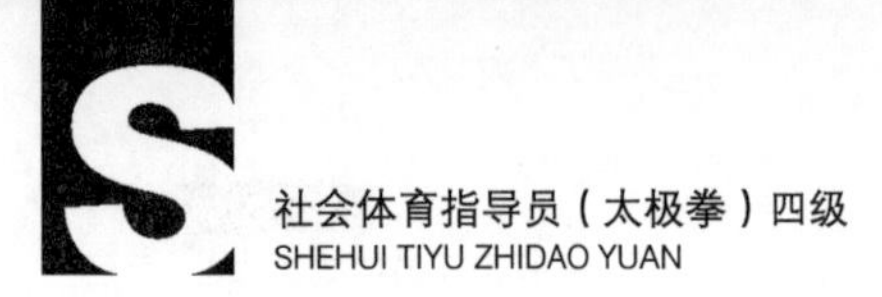

演讲者本人就会有很多的案例题材。

3.3.2 语言生动：良好的口头表达

语言的力量是不可估量的！演讲是一对多的沟通，而高效的演讲就是指面临压力时，演讲者用恰当的语言达到预想设定的目标。一场演讲的说话方式有无数种，演讲者的措辞可能会产生很深远的影响，充满新意而又具体形象的语言是最生动有力的。比如在演讲过程中，演讲者说“太极拳是内家拳，因此太极拳一定要产生内气，内气是通过吻合人体骨骼最佳受力状态的特定动作和吻合阴阳之理的形式产生的，所以在练拳过程中一定要特别注意节节贯穿和虚实变化的准确定式。”当听众听到这段话时，他们不太可能很清晰地明白演讲者的内容。因此，演讲者在演讲过程中，需要避免这样的专业性过强的语言，尽量选择简单、直接的语言。

3.3.3 强调演讲者的核心价值观念：反复强调主题

在演讲过程中，演讲者面临一个非常大的挑战就是听众会很快忘记演讲者说过的大部分内容。要突破这个问题，可以很巧妙的使用反复强调主题这一技巧。运用此技巧最典型的是马丁·路德·金的著名演讲《我有一个梦想》，在他的演讲中，“我有一个梦想”这句话重复出现了 9 次。这样的演讲技巧，使得整个演讲显得高超而有激情。

运用反复强调演讲主题的技巧，不仅是在为听众组织信息，而且也是在为演讲者组织信息。在准备充分的演讲中，可以谨慎地选择在什么时候、什么阶段中运用重复强调的技巧。对于演讲者而言，这一技巧变成了很好的跳板，尤其是当演讲者发现失去动力时，使用这一技巧变得更重要、更有效。

3.3.4 相信自己的演讲内容：信念的力量

如果演讲者站在台上感觉异常的紧张和害怕，其直接原因往往是演讲者的信念的问题，而不是听众的反映。作为一名合格的演讲者，信念的强弱决定了整场演讲质量的优劣。

信念，对演讲者而言，它们是真实的，与别人同意不同意都没有关系。如果演讲者认为自己太年轻、太内向，认为自己资历不深而抓不住听众的注意力，那么在实际演讲过程中，这些将会成为事实。没有哪一种高端的化妆品可以掩盖人们内心的焦虑。问题的核心依旧存在，那个源头就是消极信念或者不自信。

如果演讲者在演讲台上感觉自己被批判、被攻击或者被听众嘲笑，其实这样的感觉很大一部分是来自于演讲者自身的消极信念。比如一个人闭上眼睛想象在吃杨梅，就会流口水。不管人们有没有真正地吃到杨梅，大脑都会发出一样的信号，并且会产生相同的生理反应。在演讲过程中，演讲者的信念决定了演讲者如何理解整场演讲过程。演讲者可能无法改变事实，但是可以改变对事实的信念。在某种程度上而言，信念就是事实。因此，看清楚演讲者自身的想法和真实的感受，可以更好地确立演讲者的信心，提高演讲的效果。

本章测试题

一、判断题（请将判断结果填在题后的括号内，正确的填“√”，错误的填“×”）

1. 一场具体的演讲，必须事先了解听众的构成，以便有针对性地做好演讲材料、演讲技巧、演讲风格的准备。 （　　）

2. 掌握一定的演讲技巧可以帮助演讲者在演讲过程中抓住关键，打动人心。

（　　）

二、单项选择题（选择一个正确的答案，将相应的字母填入题内的括号中）

1. 演讲这一概念，在西方最早出现在（　　）。

A.《演说术原理》　　B.《雄辩术原理》

C.《荷马史诗》　　D.《论演说家的教育》

2. 下列选项中不属于演讲前准备的是（　　）。

A. 分析听众　　B. 确定主题和结构

C. 精心选材　　D. 与观众互动

3. 突出演讲者的核心价值观和演讲主题最好的办法是（　　）。

A. 分享简短的案例　　B. 用起伏的情节吸引听众

C. 反复强调演讲主题　　D. 延长演讲时间

三、简答题

1. 简述演讲这一概念的历史渊源。

2. 简述撰写演讲稿时选材的方法和原则。

3. 简述熟练地掌握演讲技巧的意义。

第 4 章

太极拳理论知识

本章提要

太极拳的进阶理论知识，是太极拳教练员教学工作的理论基础，必须重点掌握和运用。

本章就太极拳练习阶段的节节贯穿和虚实变化阶段、太极拳的缠丝劲、太极拳的“自转”“公转”相关理论，太极拳的进阶练习方法“疏通经络、引动内气”和“形气结合、如环无端”，以及太极拳经典理论的松和沉、内气和内劲等基本问题进行了详细阐述。

太极拳的节节贯穿和虚实变化、太极拳的进阶练习方法是本章的重点，太极拳的缠丝劲、“自转”和“公转”是本章的难点，需要了解太极拳的松和沉、内气和内劲的基本理论知识。

4.1 节节贯穿和虚实变化

在太极拳的六大体系中，节节贯穿和虚实变化分别属于第二体系和第三体系。

通过第一体系准确拳架的练习，为太极拳的学习奠定了良好的基础，同时为第二体系节节贯穿的学习做好了准备。节节贯穿是太极拳独特的运动模式，是准确定式的进阶阶段，是进入虚实变化技法练习的过渡阶段。通过节节贯穿这一体系的练习可以使气血流通旺盛、关节活动度增加，并产生强大的内气。

虚实变化是太极拳真正的入门阶段，它要求全身每一个部位都能做到阴中有阳、阳中有阴，阴阳虚实不断地转换。虚实变化体系可使气血流通更加旺盛，周身充盈调达，并可达到五阴五阳、不丢不顶、人不知我、我独知人的高层的技击效果。因此，作为职业太极拳教练员，牢固掌握节节贯穿和虚实变化是非常重要的。

4.1.1 节节贯穿

1. 节节贯穿概述

（1）理论来源。《太极拳谱》中讲道：“其根在脚，发于腿，主宰于腰，形于手指，由脚而腿而腰，总须完整一气”。

（2）定义。节节贯穿是指劲从脚起，发于腿，主宰于腰，形于手指，身体各关节依次而动，一动全动的特定运行方式。

《太极拳谱》中讲的“其根在脚，发于腿，主宰于腰，形于手指”，是指根在脚上，劲力通过脚、踝、膝、胯、腰、背、肩、肘、腕最后到达手指，各关节有序而动，整个运动是一个完整连续的过程；而“由脚而腿而腰，总须完整一气”的意思是，在周身上下贯通的前提下，劲力要连续、协调，分清先后顺序，不能间断、不能跳跃。

2. 节节贯穿的原理

节节贯穿是对前后两个定式动作之间的运动方式进行规范和细化，每个部位的运动都有一定的规律。

节节贯穿在外形和内劲上，都是连续的，一环接一环，动作的启动点是根节，作用点是梢节。在第一阶段准确定式产生根劲的基础上，只有通过节节贯穿的运动方式，使周身成为一个整体，才能把作用在身上的力，通过关节一节一节地传导，最终传递到大地；只有在节节贯穿的模式下，才能把大地的反作用力由下而上地发挥出来。在这个过程中，要做到“勿使有缺陷处，勿使有凹凸处，勿使有断续处”，一旦动作有不连贯、不自然的地方，节节贯穿就无法完成。

在口诀中，有很多类似“下沉，带双手下落”的语句，这便是节节贯穿的动作体现：在髋关节放松的前提下，身体重心往脚下沉，带动肩关节拉伸，再由肩到肘，由肘到手，一节一节往下沉。

3. 节节贯穿的作用

（1）增加关节活动度和身体的协调性。在练习太极拳的过程中，通过做一些节节贯穿的运动，可以增强人体关节功能。通过关节处的放松，可减少关节周围肌肉、肌腱、韧带对关节的控制作用，从而使关节活动范围增大，灵活性和协调性提高。经常进行节节贯穿运动的练习，可以提高关节周围软组织的功能，预防关节韧带退化，也可以恢复骨骼肌系统功能。

太极拳练习者的髋关节、膝关节、肩关节、踝关节等的活动度，要明显高于未从事过太极拳运动的人群，关节的灵活性和柔韧性都能得到提升。

（2）产生内气，保证良好的气血运行。在太极拳练习过程中，节节贯穿最重要的作用之一就是产生内气，它是太极拳技击和养生功能发挥作用的核心。

内气其实是人体内的一种能量，这种能量要通过节节贯穿这种特定的运动来调动，从而在体内运行的过程中发挥作用，对脏腑起到按摩的作用。

通过准确定式阶段的练习，人体的经络已经得到了疏通，而节节贯穿运动则是通过特定外形的变化来引导内气的运行，使其逐渐变得活跃、充盈，在这个过程中，促使人体的气血流通旺盛，从而获得健康。

4.1.2 虚实变化

1. 虚实变化的定义

虚实变化就是要做到周身无处不阴阳，阴中有阳、阳中有阴，阴阳不断转换。一处有一处虚实，处处总此一虚实。

2. 虚实变化的重要性

《太极拳谱》中有云："变转虚实须留意"。又有《虚实诀》一篇，特别强调虚实变化在太极拳运动中的重要性：

虚虚实实神会中，虚实实虚手行功。
练拳不谙虚实理，枉费功夫终无成。
虚守实发掌中窍，中实不发艺难精。
虚实自有虚实在，实实虚虚攻不空。

可见，虚实变化是贯穿太极拳运动始终的，对于太极拳的技击尤为重要。从传统的意义来说，进入虚实变化阶段，才算是真正的太极拳入门。

太极拳的虚实，大体可分为脚的虚实和手的虚实，所有动作都有虚实转换，上下相随。初学的时候要分出明显的脚下虚实，例如：练习拳架的时候，重心要到位，一些大步子的动作要明显能看出来重心的位置；在练习推手的时候，虚实可发展为小虚小实，甚至是虚中有实、实中有虚，让人难以察觉。

陈鑫所著的《陈氏太极拳图说》中讲道："惟有五阴并五阳，阴阳无偏称妙手。"手上的虚实也同样重要，与脚下的虚实变化相辅相成。《虚实诀》中"虚守实发掌中窍"就是说手上的虚实变化在技击中的作用，在迎接对方力的时候，手是虚的，当然虚并不是丢。如果手为实，则会与对方顶，变成了角力的拳术；在攻击或是发劲的时候，手要为实，不然劲力发不出去，起不到攻击的效果。

3. 虚实变化的注意事项

（1）虚实变化是日积月累的过程，不可一蹴而就。在练习虚实转换的过程中，速度一定要慢，不能猛收猛放、猛起猛落。例如：起势中"右腿慢慢站立，移重心到中间"，重心由右腿到中间的过程是一个渐变的过程，左脚内侧先受力，再慢慢地过渡到全脚掌。

（2）实际应用中的虚实变化要灵活。太极拳动作的"慢"不是目的，而是一种手段，为的是在应用中可以做到意到气到，气到力到，外形与意念完美配合。在真正的技击中，只一个意念，身体的虚实关系就已经发生了变化，这样才能做到周身无处不阴阳，阴阳不断地转换、变化。

4.1.3 缠丝劲

1. 缠丝劲概述

《太极拳谱》有云："太极拳，缠丝法也。进缠、退缠，左右缠，上下缠，里外缠，大小缠，顺逆缠。而要莫非即引即缠，即进即缠；不能各是各着，若各是各着，非阴阳互为其根也！"又云："缠法如螺丝形运于肌肤之上。平时运动，恒用此劲，故与人交手，自然此劲行乎肌肤之上而不自知。非久于其道，不能也！"

因此，太极拳其实是一门以缠丝法为根本的武术拳种，而缠丝法具体而言又可分为进退、左右、上下、里外、大小、顺逆缠丝六大类，其中顺逆缠丝为各种缠丝法的母体。在运用时，要"即引即缠，即进即缠""不能各是各着"，螺旋缠丝运动要贯穿太极拳运动的始终。换句话说，没有螺旋缠丝运动而产生的阴阳变化的拳术，也就不能称之为太极拳。

缠丝运动贯穿太极拳的始终，因此拳势动作不论大小、快慢、开合都要走螺旋式的运动形式，使人体从腰和丹田到四梢，不论脏腑、肌肉，还是韧带、关节，从躯体中枢，以至毛细血管都在非顺即逆的反复旋转中运动，缠来缠去，拧来拧去，左绕右绕，非圆即弧，处处走螺旋，从而在技术动作上采取一种螺旋形式的进攻和引化的战术。

缠丝劲又被称为"麻花劲"，取其缠绕象形之意，说明多股阴阳劲像麻花形状拧绕在一起，它的运动模式则是根梢拧转，中节随动。但缠丝劲绝不单单是外形的运动，在做缠丝运动时，人体内的经络也在做着螺旋缠丝。例如，五式太极拳上三步中，上身向右前方 45°，左膝向左打开与左脚尖方向一致，形成一个上下身相反的缠丝"麻花劲"。

太极拳是以阴阳理论为依据创立的，因此在拳中处处要体现阴阳变化，而缠丝劲这种太极拳的运动形式正是阴阳矛盾对立统一的最明显的体现之一。在练习太极拳缠丝劲的过程中，往往在一个动作中，同时出现小臂内旋、大臂外旋这类的矛盾运动，它们虽然相互矛盾但又相互转化于一元之中，阴阳关系也会随着动作的变化而变化。

2. 缠丝劲与准确性的关系

王宗岳在其《太极拳论》中讲到太极拳"差之毫厘，谬之千里"，说明太极拳的动作是差一厘米都不行的，对准确性有着严格的要求。而动作的准确性就一定有它的特定性，太极拳的特定性就在于它要符合人体的生理特点，也就是符合骨骼的最佳受力状态和经络的最佳畅通原则，只有做到动作准确，才能充分发挥太极拳养生和技击的功效。

动作定式的准确和运行线路的准确，是练好太极拳缠丝劲的基础。所谓牵一发而动全身，一个缠丝运动就会牵动经络、骨骼的位置变化，如果动作不准确，其养生和技击的功效就会大打折扣。比如，五式上三步动作中，手是否在身体裆中线、中指是否在肩窝处都会影响整个动作的效果，也就是力能否传到脚跟的区别。

3. 缠丝劲的作用

古人云："打太极拳须明缠丝劲，缠丝者，运中气之法门也，不明此，即不明拳。""凡经络皆有益于拳"说明练习太极拳的缠丝劲有着至关重要的作用，具体体现在养生方面和技击方面。

在养生方面，以动作的准确性为基础的缠丝劲，可以促使身体做出节节贯穿的运动，通过伸缩折叠，使气血运行畅达，直至四肢末梢，经络也得以疏通。在这个运动过程中，可以达到以外形催内气的效果，引导精气在体内运行，从而濡养五脏六腑，强化身体各个器官的运化功能，使吸收、排泄功能达到最佳状态，此时的身体可以达到良好的健康状态。

在技击方面，《太极拳谱》讲："虚笼诈诱，只为一转。"其实在实战应用中不管是虚实变化，还是引诱回冲都是通过螺旋缠绕来转化和借力打力的。由于太极拳是"知己知彼"的功夫，所以要懂劲。懂劲分为懂自身的劲和懂他人的劲，这前提是要练成周身一家，也就是全身是一个整体。只有不断加强缠丝动作的练习，疏通经络，再做节节贯穿提高关节活动度，才能把身体练成一个整体，产生根劲，达到技击的功效。

4.1.4 太极拳的"自转"和"公转"——腰胯带手、梢节领劲

1. 中国武术中的"内外相合"

传统的武术家们素来强调，在行拳走架时要严格地遵循"外顺内合"的原则，也就是身体要做到内外相合。外顺，是指肢体配合要协调，步法要和顺，发力要顺达等。武术是人体的整体运动，要做到外顺，必须要上、下肢协调运动。故武术家们总结出："以手领身，以腰催胯，以胯催膝，以膝催足。以肩催肘，以肘催手，以手催指，全身浑然一体。"内合，是指在外形、动作顺畅的情况下，人体内部技能才会发生充分的作用。比如，只有做到身体的协调，才能实现"圆裆松胯""含胸拔背""神内敛"等内养的要求。

2. 太极拳运动中的"自转"与"公转"

太极拳运动以腰为轴，一招一式都由躯干带动四肢进行活动，一动无有不动，一静无有不静。意识要与动作一致，上下相随，手脚呼应。在行拳走架过程中，四肢以

身体的中轴线为圆心，做出各种不同方向的弧线运动，这个部位对身体的中轴线所做的弧线运动，就是太极拳中的“公转”。身体的中轴线——脊椎就相当于太阳，腰与四肢、百骸始终围绕着脊椎做弧线运动，因而也产生了左右、上下、里外、前后的立圆、平圆甚至各种不同角度的正、反弧线运动，这就相当于各行星围绕太阳做的“公转”，这种“公转”也会产生向心力和离心力。而身体的某一部位自身的转动就是“自转”。

在太极拳以腰为轴、周身多元化旋转的缠丝运动中，无处不包含着“自转”和“公转”,两者在练拳过程中同时存在,不可分割。“公转”中包含着“自转”,“自转”也含有“公转”。这也正符合王宗岳《太极拳论》中的“阴不离阳，阳不离阴，阴阳相济”的原理。

3. 太极拳“自转”和“公转”的作用

“自转”和“公转”是构成太极拳运行线路的基础，也是缠丝运动的具体表现形式。以腰为轴带动四肢旋转，身体各部位都走螺旋劲，协调配合，在“自转”和“公转”中完成化、拿、摔等技法的运用。

虽然在准确定式阶段，也会有简单初步的“自转”与“公转”，但是这一阶段的重点还是疏通经络、产生根劲，是为后面的学习打基础、蓄能量。在完成了准确定式阶段后，向节节贯穿阶段过渡的时候，“自转”和“公转”的配合就显得尤为重要了。只有在太极拳的动作中体现“自转”与“公转”，把准确的定式动作连贯起来，才能逐步地从节节贯穿向虚实变化阶段转变。

4. 腰胯带手、梢节领劲

太极拳是全身整体的运动,因此行拳时要一动无有不动,周身相随、内外一致。在《太极拳十大要论》中讲道:“至于气之发动，要从梢节起，中节随，根节催之而已。”

从生理解剖学角度来说，运动系统是由骨骼、关节、肌肉组成的。人体骨骼由 206 块骨头连接而成，骨与骨之间为关节。人体的任何一个动作，都是关节的活动。武术上一般把人体分为根、中、梢三节，如果把人看作一棵树的话，脚为根节，躯干为中节，手为梢节。

“劲起于脚”是说，根节是人体活动的力量来源，这也是为什么练习太极拳的第一个阶段要从准确定式产生根劲开始，只有产生了根劲，才能获得运动的原动力，而不是靠消耗自身的能量来完成动作。

“主宰于腰”是指，中节是整个太极拳运动的重要部位，起着引导力量运行的作用。从脚上出来的劲力上行至腰部后，由腰和胯的转动、收放，传递至梢节，即“腰胯带手”。如果仅仅是手在做运动，脱离了身体这个整体，就不能称之为腰胯带手。

在做腰胯带手这种节节贯穿运动的同时，还要注意手一定要领起，不可软散无力，也就是“梢节领劲”。陈鑫在其《太极拳谱》中曾讲到“劲运到指肚头”“中指劲到，余指劲也到”“以手运行止物，必得刚气行乎其中”。可见，在练习太极拳的过程中，梢节是一定要带力的，手上如果松软无力就是“丢”。

梢节领劲无论从养生还是技击的角度来看，都有重要的作用。

手指是人体手三阳经和手三阴经交汇的关窍，手指领劲做缠丝会牵动全身经脉内劲的变化。如果把缠丝运动比作“拧毛巾”的话，在根节牢固的同时，梢节也要固定住即“领劲”，才能实现身体整体的阴阳变化，这种运动模式对经络的调整才能发挥最大效用，养生的功效也能发挥到最佳状态。

太极拳的“自转”和“公转”过程中会产生离心力和向心力，梢节领劲就是为了让离心力发挥最大效用。在做“对开”等动作的时候，梢节领劲才可以引动内劲运行到手上，实现攻防作用。

单纯的腰胯带手或梢节领劲，其实只对了一半，只有在一个太极拳动作中同时具备腰胯带手和梢节领劲，才能吻合太极拳相互矛盾而统一的原理。因为太极拳是将太极的阴阳之理融入到拳中而成为太极拳的，练习太极拳必须分清虚实，身体、肩、肘、手都要分清阴阳；腰胯带手，其实就是腰胯为实、手为虚，而梢节领劲，那就是手为实，腰胯为虚。比如太极拳之中的懒扎衣，重心在右腿移至左腿的过程，右手腰带肘，肘带手，同时左手是手带肘，肘带肩，肩带腰胯，同一个动作之中虚实变化是相互矛盾而统一的。

4.2 太极拳进阶练习方法

太极拳的练习方法可以分为六个阶段：熟练套路、明确定式；调整姿势、理解放松；疏通经络、引动内气；形气结合、如环无端；周身相随、内外一致；稳固根基、充实内气。其中，熟练套路、明确定式和调整姿势、理解放松属于太极拳的基础练习方法。通过这一阶段的练习，确定了太极拳运动的框架，产生了根劲，由此可以进入下一阶段的练习。

4.2.1 疏通经络、引动内气

1. 经络与内气的概念

“经络”有路径和网络之意，它们错综复杂地交汇联结、遍布全身、内连脏腑、外浮肌表，从而沟通人体上下、表里，是调节肌体和运行气血的通道。

“气”是构成和维持人体生命活动的精微物质，是极其细小的物质微粒，难以直观地察觉。因此，只能通过人体的感观，根据事物的各种变化而体现气的存在。人体“气”的来源有以下几个方面：一是禀赋于先天父母之精气，二是饮食化生的水谷之精气以及存在于自然界的清气。通过脾、肺、肾三脏的生理功能综合作用而成。现在武术家所说的“气”，原本就是中医的理论体系，被引进拳术领域后就逐渐形成了具有武术内涵的基本概念，这时就不是简单指医学理论中的“气”，而又包括了武术上的内气，这里所说的内气即是太极之理气。

2. 太极拳内气的产生原理

内气的引动和鼓荡，必须依附先天和后天之精气作为物质基础。陈鑫在《太极拳论》中说：“气者，生之本，经者，气之路，经不通则气不行也。”又说：“以吾身自有之元气，运行吾身以气运行，一气贯通。”这都说明了：气是本身固有的本元物质。只有在经络道路畅通无阻的情况下，才能有利于内气引动和鼓荡，才能一气贯通，产生养生和技击的效应。

众所周知，内气可以在气功和内家拳中产生。太极拳是内家拳，在身体内要练出内气。太极拳是“初始时以外形催内气，到终末时以内气导外形”。也就是说，要达到以内气催外形阶段的前提是体内必须要产生内气，而太极拳的内气是用特定的外形催出来的，因此就产生了一些问题：同样是拳，为什么有内家拳和外家拳之分呢？为什么都是身体的运动，散手、跳舞或木兰拳就不能产生内气呢？因为太极拳的内气产生是由特定准确的外形和完全吻合太极阴阳理念的动作完成。比如，金刚捣碓上右步前两手往外开的动作中，它要求收腹下沉、把命门打开、含胸拔背，以肩催肘、肘催手的方式一节一节地打开。在这种运动模式下可以发现：手在开、胸在合，吻合了太极拳中开中带合的理念；动作中有开有合，又吻合了“太极是相互矛盾而又统一的运动”这一原理；同时这个动作也是以外形催内气的典型动作。通过这些特定的动作和运动模式，体内会逐渐产生流通的内气。

当然，不是靠这一个动作，而是要把这种运动模式和理念贯穿于整套太极拳。经过这个阶段拳架的调整和吻合太极理念特定动作的锻炼，体内的经络会保持畅通，同时也能体会到内气流动的感觉，练拳也开始变得“欲罢不能”。如果在这个阶段内气的感觉时有时无，甚至经过一段时间又全然没有，这都是经络之气流通不畅，气机运行不利，内气引动不力所致。这也概括地说明了拳术领域中的气，具有既是物质基础，又是功能效应的双重含义。如练到一定的境界，就会产生一种奥妙莫测，只可意会，难以口述的感觉。

3. 注意事项

人体之气运行在经络内外、骨肉之间，内养腑脏、外固肌表。只有保持经络畅通，才能环流不息气遍全身。就像灌溉农田一样，只有保持沟渠的畅通，才有利于正常的灌溉。这一阶段，在练习中不可避免地会出现身体僵硬、丢顶等问题，从而影响内气的流通，使气难到梢节（即手足的指端）。因此，在练习中必须注重于动作的准确性，以保证经络的畅通，通过吻合太极理念的特定动作，节节贯通助推内气产生和运行。当然，所有太极拳的动作是要经过仔细揣摩的，不同的动作有不同的做法。有时需要以腰催肩，肩催肘，肘催手；而有时又需要以手带肘，肘带肩，肩带腰。

太极拳就是把太极的文化和理念融到拳架动作中。太极理念中最主要的就是阴阳理念，所谓的“无处不太极”就是要在身体的任何地方都要分清阴阳，包括分左右两边的阴阳虚实；单从左边或右边来说，要分清胯和腰之间、腰和肩之间、肩和肘之间、肘和手之间的阴阳虚实变化；包括一个手上也要分阴阳，只有这样才能促进气血流通和旺盛，逐渐产生太极之内气。根据这些规律，在练习时要不断调整、不断感悟，练习时速度宜慢不宜快，一招一式的外形尽量与内气的意识表现一致，通过进一步的练习，内气流动会自然而然地越来越畅通，僵硬拙力也会逐渐被克服，拳势也可以慢慢达到周身相随、连绵不断的境界。而内气会按拳势的要求,产生有规律的鼓荡和流动,达到一气贯通。

对练习者来说，这一阶段最容易失去信心，半途而废。其主要的原因是由于在练习过程中，产生偏倚丢顶等缺陷和内气的起伏间断，所以身体各部位有不相顺随、别扭之感，有时兴起，一时自觉运劲顺随，发劲呼呼有声，但推手却一点也用不上。对这些客观的规律，误认为师不传秘，从而使情绪低落。古人云：“练拳者千人万人，成手者一人半人。”这就是在此期间，中途而断、不得要领的结果。正如陈鑫所说：“人言此艺别有诀，往往不肯对人表，吾谓此艺无甚奇，自幼难以打到老，打到老来自然悟，豁然一贯神理妙。”这就说明了太极拳只要循规蹈矩，持之以恒，定能成功。

4.2.2 形气结合、如环无端

1. 形与气的关系

所谓“形”是指形体，也就是拳架动作的外在表现。“气”是指内气，它一方面包含着禀赋的先天之精气、在饮食中摄取的水谷之精气及来自自然界的清气。另一方面，包含着起于丹田，由太极动作引动的理气。这些细小的微粒，在太极动作的引导下，周流全身，往复如新。从医学的角度来讲，形气是统一的，是相互依附、相互为用的。当身体里面产生了内气和一定的积累，就可以以心行气，以意行气了。

2. 形气结合

《太极拳谱》里说："以心行气，务令沉着，乃能收敛入骨。"又说："以气运身，务令顺随。"可以看出，《太极拳谱》中所谈的"心"，就是中医中的神明之心了，它包含了大脑意识思维活动。因此，在这个阶段所练的每招每式，都要注意，以意行气，以气运身，顺其自然，引运外形，只有这样形气结合地反复练习，细心揣摩，久而久之，才会有较深的功力，内气周而复始如环无端地在体内运行。

至于此阶段的练习方法，就是在大脑的指挥下，以腰为轴，节节贯穿，引动内气，使气有规律地随着意识而催动外形，这就要求练习者努力做到周身合一、内外一致，外形在内气的催动下，一动则周身全动，静则周身全静，动静开合、起落旋转，无不顺其自然。

3. 注意事项

此段的练习方法，必须严格按照口诀，明确每个动作的先后顺序，节节贯穿，引动内气，使气有规律地随着意识而催动外形，这要求练习者努力做到周身合一。在这个阶段的练习过程中，身与手、内与外某一部位不够协调即会产生矛盾，就会影响内气的贯通，从而使意气和形体难以结合。如动作运行速度的快慢以及身法位置角度掌握不够，难以适得其中，导致周身涣散、没成系统，因而在套路架式的练习中，表现为"身慢手快眼不随"等散乱现象，不能周身一家、动作周到。《用武要言》里说："手到身不到，击敌不得妙；手到身亦到，破敌如摧草。"这都说明了形气结合，身肢顺随的重要性。

这一阶段中，容易产生的问题还包括丢、顶。丢、顶产生的原因，就是不理解松的含义。不用力就丢，用点力就顶，另外含胸过度则弯腰弓背，塌腰过度则扛肚填胸。因此，在注意身体各部位的准确位置和运行线路的同时也要注意内气与外形的结合，外形一定要顺随内气的表现而自然开合。由此说明，在这一阶段的练习，要着重于意识和形体姿势的结合，也就是心到、意到、气到、形到，使内气一气贯通，往复循环。有了准确拳架的积累，身体的整劲已经形成，就能具备相当的功力，但在技击上，还是威力不大，时感力不从心。这是没有掌握"知己知彼、引进落空、粘连粘随"的功夫，这只是到"二阴八阳是散手"的水平。

4.3 太极拳经典理论

在太极拳经典理论中把"松"和"沉"放在一个非常重要的位置，如何正确理解太极拳的“松”和“沉”，是每个太极拳练习者必须掌握的关键。

4.3.1 太极拳的松

松，其原义为使松（放松）或解开、放开。相关词有松柔、松静、松活等，也有松散、松弛、松懈、松垮等。那么太极拳的“松”又该如何理解?

在太极拳的练习方法里，第二阶段就是要求调整姿势，理解放松。“姿势”是指练拳时对周身各部位的要求，同时为了以后便于对所有骨关节的灵活与放松，就要有意识地去做一些舒筋拔骨的动作，比如要领里面的上下对开、手掌外撑等动作要领与“松沉”有密切的联系。

《太极拳论》中说：“身体必以端正为本，放松以周身自然为妙。”也就是说，套路架式的练习，身法上要以立身中正为根本，在这个基础上才能实现周身自然放松。

“立身中正”有两种含义：一是躯干四肢及头的位置中正，即身体不偏不倚之意；另一种是指身体在有意歪斜的情况下，保持着力学负重点的相对平衡。如开步时的上行下进动作（其实就是上下对开）。

第二阶段主要容易出现的问题以立身不正、横气填胸、挑肩架肘等现象为主，其产生的根本原因有两个：一是腿部的支撑力不足，使身体难以放松。二是对“放松”这个词含义理解不够，无法朝着“放松”这个目标去努力。太极名家陈鑫在他的著作《陈氏太极拳图说》中说练太极拳很重要的一点是“骨节要对”。“骨节要对”其实就是吻合人体骨骼最佳受力状态。由此可见，所谓“放松”，不是不用力的概念，不用力是丢，而是动作在吻合人体骨骼最佳受力状态的情况下，全身各部自然协调地松下，这样才有利于气的下沉。

太极拳的松，是松柔、松静、松活那种有机的松，而不是松散、松懈和松垮的那种无机的松，太极拳的松是在身法中正、神舒体静、以内统外、有意气的松。这种松使全身在心性意识及动作要领等方面得到极大的舒展、轻松和自然，从而达到“内固精神、外示安逸”的高级境界。

4.3.2 太极拳的沉

沉，在《现代汉语词典》中，原义为往下落，使降落，向下放。

太极拳的沉，在《十三势行功心解》上说：“练拳姿势需要沉舒，心意贵静，心不静不能沉着，不能沉着则气不收入骨矣……”又曰：“腹虽注意犹松舒，不要鼓劲。气敛入骨，骨肉沉重矣。外如棉花，内似钢条，犹如棉花裹铁。”

但是，在练拳中心意和姿势又如何“沉”呢？这确实是一件不容易弄懂和很难做到的事，不少人练拳多年，尚不知“沉”为何物，一些练习者故作“沉”状，实际上是用气用意去鼓劲硬沉。结果适得其反，把腰身四肢练僵了。

李雅轩对“沉”的论述是：“练功时是沉气，但不可勉强去沉，要用真元之意在呼吸之间顺其自然行之，虚而若实，实而若虚，有而若无。”李雅轩先生在这里所说的“真元之意”即是心意，心意能沉，气当“顺其自然行之”。这样就会“有神气之充实、有气派之庄严”。当然，心意的沉，于外表是不易看出的。“心意要贵静”“悉心静气，默记揣摩”“使气沉于丹田”。

至于身势的“沉”，要在悉心静意、气沉丹田、用意不用力的引导下，全身松弛，虚实分明，含胸拔背，松肩屈肘，四肢腰腿不起强劲。这样身势自沉，就会产生两足有力，下盘稳固，臂膊如棉裹铁，分量极沉的效果。对于初学者而言，以上描述皆是练习太极拳的结果，不可操之过急地模仿、练习。

4.3.3 太极拳松与沉的关系

古典拳论《十三势行功心解》曰：“以心行气，务会沉着，乃能收敛入骨……”又曰：“发劲须沉着松净，专主一方。”松和沉既是太极拳中的两个重要要素，又是一个有机的整体，故有松沉之说。虽然两者含义不同，但其相辅相成，缺一不可。也就是说，松是在沉实的基础上放松，沉是在松融的前提下沉实。没有沉的松不是真松，是飘浮；反之，没有松的沉不是真沉，是僵滞。所以说，松沉相因，松沉互济。

在练习太极拳的每招每式中，除要求松沉，以意领劲外，还要求身体各部分均要做到舒松自然，庄重沉实。如头部须正直沉着，虚领顶劲；肩肘要松沉下垂；胸部宜舒松内含，气沉丹田；腰胯要圆转自如，松静沉着；腿足则虚实分明，沉稳自然。能按上述要领行功走架，“松沉”自能做到。

有些人在练习太极拳时，偏重于松而忽视了沉，甚至主张要松不要沉。错误地认为，太极拳是松柔运动，应大松大柔，轻灵舒展，认为沉了会使动作僵滞，影响拳架的松柔和优美。持此论者只看到太极拳松的一面，而看不到沉的一面，这样的观点是不全面的。太极拳是松柔舒展、轻灵和顺的一项武术运动，但它除具有上述特点之外，还具有“结构严谨、身法中正”“由松入柔、刚柔相济”“轻灵沉着兼而有之”的独特风格。这些风格决定了松与沉在太极拳中的重要作用。同时，太极拳是搏击技巧比较高深的内家拳术。它以静御动，四两拨千斤。习拳日久功深，虚灵之气和松沉之劲自然而生。

另外，一些人把沉与重等同视之，从而模糊了沉的含义。殊不知，沉与重是两个完全不同的概念，古谚有云：“气沉则意坚，意坚则心定。”又说：“沉与重不同。重为有形，沉为无形；重为呆而滞，沉劲活而有似松非松，似紧非紧之形，与重绝不相同。”还说：“双重为病，因其在于填实，填实则气闭力呆；双沉不为病，因为它能活泼变化。”所以，在太极拳的练习过程中，沉和松是相辅相成的，缺一不可。

4.3.4 内劲和内气

内气是由符合经络和骨骼最佳受力结构的外形和吻合太极阴阳之理的动作而产生的。

内劲是内气在体内运动过程中产生的能量，它和一般概念的力不一样。了解太极拳内气产生的原理，对于练习者正确理解内劲和内气的关系，具有十分重要的意义。

太极拳内气产生的原理如图4—1所示。

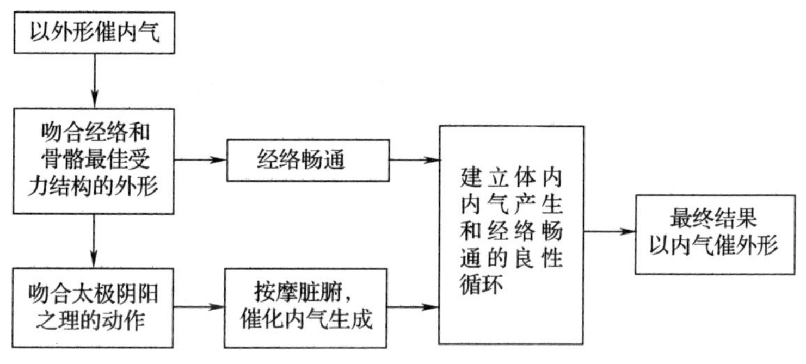

图4—1 太极拳内气产生的原理

《本草衍义》中提到“夫人之生以气血为本，人之病未有不先伤其气血者。”《黄帝内经·灵枢·经脉》上也提到“气血淤阻，病由之生，气血通则百病愈”“经脉者，所以能决生死，处百病，调虚实，不可不通”。所以开通经脉是练气的首要任务。

只有通过吻合经络和骨骼最佳受力状态的外形，保证了经络畅通，在经络畅通的基础上做吻合阴阳之理的动作，按摩脏腑，促进内气形成，从而建立体内内气的良性循环。

内劲是内气在体内运动过程中产生的能量。内劲和一般概念的力不一样，太极内劲的特点是借用从大地获取的“根劲”，讲究劲起于足、主宰于腰而形于手指。内劲和内气的关系如图4—2所示。

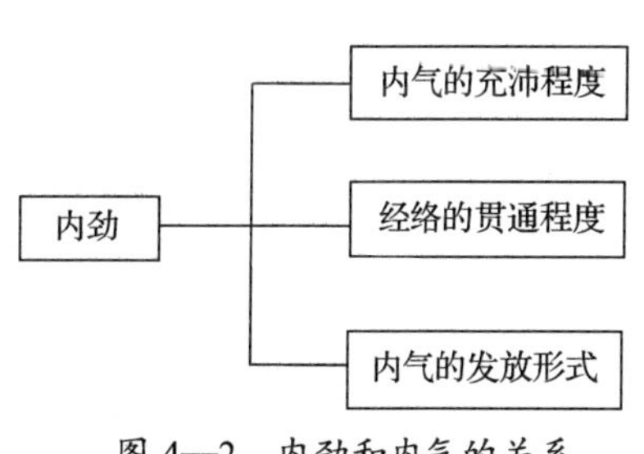

图4—2 内劲和内气的关系

内气是符合经络和骨骼最佳受力结构的外形和吻合太极阴阳之理的动作而产生的。内劲则是内气在体内运动过程中产生的能量。体内经络，好比是通畅的路，内气是汽车，汽车在路上行走就会产生能量,这就是内劲。汽车产生能量的大小取决于汽车的吨位和行驶速度，而速度又与路的通畅程度有关。内劲也是一样，内劲的大小取决于内气是否充沛，内气发放的形式和身体的贯通程度有关。

太极拳的内气好比是水，经络就像河床，水在河床中流动会产生能量。水可以蓄，也可以放；可以奔腾而下，也可以细水长流；可以势如破竹，也可以环绕渗透。太极内劲与水所拥有的能量特性非常相似。可以不知不觉渗透进入对方的体内，使对方重心浮起而拔根，也就是经常说的“一搭手就漂”的感觉；也可以是使人如受“巨浪冲击的感觉”。

人体能量的成分可分为精、炁、神三级，三者的关系如图4—3所示。

图 4—3　练精化炁，练炁化神，练神还虚

练习太极拳会造成能量的改变,人体能量的成分可分为精、炁、神三级。“练”的概念是再制，精制；“化”的概念是变化，不管是质变或量变，前者与后者必有不同之处。

那么,先来了解一下“练精化炁”之“精”到底是什么。《黄帝内经》曰:“人始生,先成精。”“夫精者,身之本也。”由此可见，精是构成身体的基本元素，是阴气、阳气结合的产物，是强健身体的要素，也是建构人体五脏六腑、四肢百骸、肌肉皮毛的基本元素。“精”是气的一种，它关系到四肢、五脏的健康及六识感官的灵拙。

人体后天摄取能量（精气）的管道：一个是通过饮食，人所吃的食物皆取材于植物、动物，通过人体消化，吸收能量;另一个是通过呼吸来摄取空气中各种成分的能量。

那什么是精气呢？《黄帝内经》中提到“真气者，经气也。”“真气者，所受于天，与谷气并而充身者也。”《黄帝内经》认为人从天地之间采取的“真气”，可以与食物中的“谷气”合流，用来充足身体的精气。

精气是构成和维持人体生命活动的精微物质和能量。它的来源一个是禀赋于先天父母之精气；一个是饮食化生的水谷之精气。它的作用是为五脏六腑提供最基本的生命活动的能量、濡养肌肉骨骼；另外一个作用是防卫外界风邪入侵。

经络是气血的运行通道。《黄帝内经》上说到，精气行走于血管、经脉之中，有推进的动能。精含动能，其性质与电相似，所以这一类的气都归属于精。通过饮食和呼吸摄取的能量，只能维持生命，还不足以用来转化成其他成分的“炁”，还需要用特殊的技巧转换“炁的种类”。

练精的原材料是“元阳”，当呼吸吐纳时吸进身体的“气”为一种含有火气及动能的粒子，古修道家称之为“元阳”。“元阳”是一种能量，类似电、磁等，能够透过电介质传导。“练精”就是把吸入丹田的空气（“元阳”）和丹田的元阴在一起交媾，阴阳结合产生生化作用的过程。这就是为什么练习太极拳刚开始的时候要人不断下沉来引导气下沉的原因。

那什么是炼精化炁呢，练精与练炁必须运用不同的意识层次。

“炁”之字意即为无火，而心属火，所以练炁不能用心，而须用意（下意识）。心在身前，意在身后，两者处于对应位置。“识神用事，元神退听”就是说心在工作的时候，意识是不会工作的。清虚道人辑录《五篇灵文》上也说道：“身心无为，而神炁自然有所为。”在身心放松的时候，由无为的意接管，神炁才会起作用。“炁”是一股能量流、磁场。

体内锻炼的“元阳”形成气场，它就会不断向中心集中，同时借由腹部与背后的膨胀与收缩，前阴后阳穴道一开一阖相吸相斥，产生磁场，道家称之为“八卦相荡”。

精会转化成炁，精与炁皆属生物电磁场，精的成分类似电场，炁则类似磁场。通过不断的下沉和反弹，炁会逐渐从“下元”渗透到整个身体，提升神经功能、活化细胞并清除体内坏的能量，经过长期温养，就会形成包覆身体内外、沟通天地的浩然之气。练气可以化精，练精可以化炁，练炁可以化神。以不同的意识驾驭不同的能量，能量的等级分为气、精、炁、神四层。四种能量中，高层能量可以控制低层的能量。

修炼日久功深之后，能量及意识皆可跨越屏障，运用自如。精炁神可以随心所欲地收放自如，用于技击上就可以形成强大的内劲，产生破坏性的杀伤力。

4.4 太极拳文化

4.4.1 《老子》的主要思想

1. 老子生平

（1）老子，姓李名耳，字聃，又称谥伯阳。老子是楚国苦县厉乡曲仁里人（今河南鹿邑县），生活在春秋时期，是我国古代伟大的哲学家和思想家，道家学派的创始人，世界百位历史名人之一，与孔子生活在同一年代，晚年著《老子》（又名《道德经》）一书。

老子自幼聪慧，勤思好问，对国家兴衰、祭祀占卜、星象观测特别感兴趣，其家

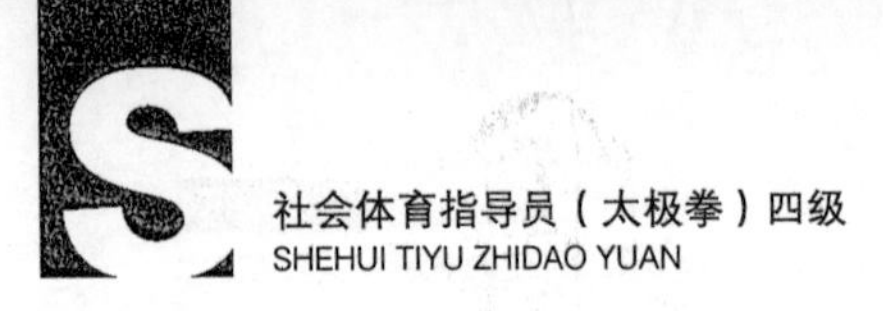

人特请精通礼乐的商荣老先生为其授课。后来，老子入周，进入太学学习天文、地理、人文、诗、书、易、礼、乐，名声日起。公元前523年，孔子与弟子南宫敬叔专程“去周求教”，可见老子学问之高。

（2）老子主张无为而治、性命双修，其思想的精华是朴素的辩证法，被道教视为太上老君的化身，奉为道教始祖。他的哲学思想被广泛应用于道学、古天文学、兵学、中医学、养生学、气功、武术等众多领域，对中国古代思想文化的发展做出了巨大贡献，同时也对中国几千年的思想文化发展产生了深远的影响。

2. 老子的主要思想

（1）老子的智慧汇集于《老子》一书，全书以“道”为核心，以阴阳矛盾对立统一贯穿始终，阐述了一种朴素的唯物主义思想和辩证法的观点。“道生一，一生二，二生三，三生万物”“人法地，地法天，天法道，道法自然”。“道”即宇宙万事万物共同遵循的规律，而这个规律就是自然。在这个自然规律中，一切事物都不是静止的、一成不变的，而是在事物与事物之间、事物内部都包含着一阴一阳这对矛盾，阴阳平分，相互矛盾又统一，构成了事物的运动。“有无相生，难易相成，长短相形，高下相盈，音声相和，前后相随，恒也。”正说明了无论自然界还是人类社会，无时无刻不在运动变化，在这运动中又包含着矛盾规律，如有与无、难与易、长与短、高与下等，它们都不能脱离其对立面而单独存在，在对立中统一于一个整体，相互依存的同时也相互转化。

（2）老子还主张“无为”，“无为”不是目的，而是手段，其目的则是“有为”。主观上不以取得利益为目的，客观上却能更好地实现利益，这也正符合阴阳矛盾相互转化的原理，“无为”会转化为“有为”。如人们常说的，欲擒故纵、欲左先右、欲上先下的思想就来源于此。

3. 老子思想在当代的文化价值

古今中外，研究老子思想的人不计其数，如王弼、唐玄宗、宋徽宗等。欧洲也早在19世纪初就开始了对老子思想的研究，其中德国哲学家黑格尔、尼采，俄国的托尔斯泰等世界著名学者对《老子》都有深入研究。黑格尔曾说：“中国哲学中有一个特异的宗派……是以思辨作为它的特性。这派的主要概念是‘道’，这就是理性。这派哲学及与哲学密切联系的生活方式的发挥者是老子。”英国科学家李约瑟对中国文化情有独钟，对老子也是推崇备至，自称“名誉道家十宿道人”。他说，中国文化就像一棵参天大树，而这颗参天大树的根在道家。李约瑟的最大贡献在于发现了道家思想的现代意义。现在在德国、法国、英国、美国、日本等国家也相继兴起“老子热”，《老子》一书也被更多的人认识和熟知。据联合国教科文组织统计，在世界文化名著中，译成外文出版发行量最大的书是《圣经》，其次就是《道德经》，可见老子的智慧对世人的影响力之巨大，这也是继承并发展祖先的思想智慧的动力所在。

老子思想中的“天人合一、道法自然”的观点在当下社会更凸显了其价值所在，它指导人们要尊重和保护自然、与自然和谐相处，遵守自然规律，以自然之道养自然之身等。

老子思想中包含的辩证法原理教会人们如何认识世界，如何看待事物的利弊两面，如何面对人生中的挫折与坎坷，如何处理矛盾。而《老子》中大量的民本思想也给人们今天的社会以指导，如“天之道，损有余而补不足，人之道则不然，损不足以奉有余”“民之饥，以其上食税之多”“民之轻死，以其上求生之厚”“民不畏死，奈何以死惧之”等。

4.4.2 《黄帝内经》的养生思想

1.《黄帝内经》简述

《黄帝内经》是我国现存的最早的医书典籍，分为《素问》和《灵枢》两部，是我国古代劳动人民长期的经验总结，被称为“上古三大奇书”之一。相传《黄帝内经》起源于轩辕黄帝，后来经过历代医家的发展补充，最终成书于春秋战国时期。

全书以阴阳理论为核心思想，结合古代的解剖知识，通过对实践中医疗案例的长期观察以及反复验证，建立了中医的阴阳五行学说、脉象学说、藏象学说等，提出不治已病治未病，养生、益寿、延年的思想主张，认为人与自然界是一个整体，人体各部分都是对立统一、相互联系的关系；把人体组织关系阐述为五脏六腑，正经十二脉、奇经八脉；列举了各种致病因素及疾病的内在机理，并给出了治病的基本原则；主张“治未病”，也就是常说的养生观念，给出了一些养生防病经验；研究自然气候变化对人身体机能的影响，指导人们趋利避害。它是研究人体生理学、病理学、诊断学、治疗原则和药物学的医学巨著。

2.《黄帝内经》的养生思想

（1）养生是指合理选用各种保健方法，通过长期的锻炼和练习，达到保养身体、减少疾病、增进健康、延年益寿目的的技术和方法。它是为了自身的生存和健康长寿，根据生命发展的客观规律对身体进行的保养，以减少疾病、增进健康为目的的一切物质和精神活动。

（2）《黄帝内经》是第一部养生宝典，它告诉人们如何在不吃药的情况下就能健康长寿，其中一个很重要的思想就是“治未病”。书中讲道：“不治已病治未病，不治已乱治未乱。”

（3）目前世界上对健康的认识来源于世界卫生组织1948年的定义，即健康包括生理健康、心理健康和社会适应能力。但中国传统的养生思想中，对健康的定义更为完整。《黄帝内经》中有：“人生有形，不离阴阳”“经脉者，所以能决死生、处百病、调虚实，不可不通。”《景岳全书》中有：“人有阴阳，即为血气。阳主气，故气全则神旺；阴主血，故血盛而形强。人生所赖，维斯而已。”可见，人的健康、寿命皆脱离不了阴阳的作用，根本上是要做到阴阳平衡。人体中五脏六腑负责调节阴阳平衡，而这取决于两个因素：经络通畅、气血运行旺盛。只有把五脏六腑濡养好，人体调节阴阳平衡的能力才能强。

（4）中医认为养生有四个基本要素：精、气、血、神。精是构成人体生命活动的基本物质，有先天和后天之分。气为脏腑功能提供动力，也是推动各种生命物质在人体运行的动力，是生命活力的根本保证。血是滋养人体脏腑、组织、器官，保证人体新陈代谢的基本物质，是人体生命物质的物质源泉。神是机体生命活动的总称，也是人体生命活动最高等级的外在表现。生命活动是由精、气、血、神及脏腑功能状态决定的。精、气、血、神充足，脏腑功能平衡，人体才能健康。

3.《黄帝内经》养生思想对现世的价值

随着经济社会的不断发展，人们的生活水平不断提高，对生活质量和自身的健康问题也有越来越高的要求。然而，生活节奏快、环境污染、饮食习惯不合理、压力大等问题使人们的疾病越来越多。据统计，在北京、上海、广州这些一线城市，人们的亚健康率普遍很高，而精英阶层的亚健康率更高。在这种状况下，《黄帝内经》中的养生观念就显得尤为重要了。

根据《黄帝内经》中的养生思想，可以从以下几个方面着手来保养身体：

（1）饮食有节。《素问·上古天真论》中提到了饮食要有“节”，也就是节制。要养成良好的饮食习惯，定时定量，不暴饮暴食，不盲目绝食。

（2）起居有常。作息要顺应天时。《素问·四气调神大论》讲：“春夏宜夜卧早起；秋季宜早卧早起；冬季宜早卧晚起。”只有顺应天时，人的五脏六腑功能才能强大，气血才能充足，身体才会健康。

（3）保持良好的心态。《黄帝内经》认为：“人有五脏化五气，以生喜怒悲忧恐。故喜怒伤气，寒暑伤形。暴怒伤阴，暴喜伤阳。厥气上行，满脉去形。喜怒不节，寒暑过度，生乃不固。”豁达的心态是《黄帝内经》养生思想的重要内容之一，人的情绪剧烈变化会使人气血紊乱、阴阳平衡失调，出现各种突发疾病，所以要保持良好的心态才能有益于身体健康。

4.4.3 《易经》的哲学思想

1.《易经》简述

（1）《易经》又名《周易》，简称《易》，诞生地为今河南安阳。广义的《易》包括两部分:《易经》和《易传》。《易经》分为《上经》三十卦,《下经》三十四卦。《易经》成书大约在西周时期，由于内容难懂，春秋战国时期以孔子为代表的学者又撰写了《易传》以解读《易经》。

所谓“一阴一阳之谓道”,《易经》的卦象建立在阴阳的基础上，用阴阳来表现日月、男女、寒暑、昼夜等众多概念，将阴阳符号三叠而成八种不同形状，分别命名为不同的卦名而成为“八卦”。

（2）《易经》被视为群经之首、大道之源，是中国传统思想文化中自然哲学和伦理实践的根源，是华夏文明的智慧结晶，它以天干地支和阴阳五行论为基础，通过阴阳变化规律，以卦象对事物的运行规律加以论证和描述，对天地万物的性状进行归类，甚至可以对事物的未来发展做出准确的预测。由于它博大精深，包罗万象，是古代帝王、政治家、军事家及商贾的必修之术，对中国文化产生了巨大的影响。

2.《易经》的主要思想

《易经》是一部论“变”的书籍，核心思想是“天人合一”。它是古人在长期的生活经验基础上，通过对天、地、人三才之道的深入思考和模仿而总结成的。“天行健，君子以自强不息。地势坤，君子以厚德载物。”《易经》的使命是要推天道以明人事，为人道趋吉避凶，提供安身立命的准则。

《易经》认为，“易”上日下月，是阴阳合一的宇宙初始表象，也称“太极”，道家称为“道”。在对《易经》思想的继承中，道家重天道，儒家重人伦，由此形成了中国传统文化中儒道两大文化派别。

《易传·系辞上传》有“生生之谓易”“易有太极，是生两仪”，这是《易经》的宇宙观。

道家继承了《易经》的宇宙观，在《道德经》中就讲道:“道生一,一生二,二生三,三生万物。万物负阴而抱阳，冲气以为和。”

《易经》包含的主要思想有：

（1）阴阳思想。《庄子·天下》云:“《易》以道阴阳。”《易经》向人们揭示了自然界及人类社会所普遍存在的矛盾、奇偶、阴阳等对立现象。

（2）变化发展思想。“易”有三层含义：简易、变易、不易。简易是指宇宙万物所呈现的现象是复杂多变的，但其内在的规律是简易的；变易是指由于阴阳内在的作用，宇宙万物是永恒变化发展的；不易是指变化的只是事物的现象，它们的本质是不变的。

（3）天人合一思想。在易理的指导下，人在“与天地合其德”的过程中，实现天人合一，即人与自然相互适应、协调发展。天人合一的关键是三才中的人加强德行修养，发挥人的能动性，顺应天道、辅助自然有序发展，即：“裁成天地之道，辅相天地之宜，以左右民。”

3.《易经》的实用价值

《易经》对于不同的人有不同的价值：

（1）作为一本占卜的书籍，它可以提供给人们掌握事物运动规律、找到改变事物变化发展方式的方法，并且根据其总结出来的测算模式，可以预测事物未来的发展变化，给予人们的实践行为以理论指导。

（2）《易经》是中国传统文化的源头，其中包含的思想智慧经过后人的继承发展，分出了不同的思想流派，它们各有特点、各有所长，共同构成了璀璨的华夏文明。如果研究中国文化，追根溯源，就要研究《易经》，它是最古老、最原始的中国人的智慧，从中可以深入挖掘中国文化的精髓。

（3）《易经》所提供的辩证思想已经经过一代代的传承，根深蒂固地深入了国人的思想中。但是面对当今中国传统文化的流失和外来文化的入侵，有必要再重新认识和学习《易经》所包含的中国人的智慧，用阴阳矛盾对立这种有中国特色的思维方式来看问题、解决问题。同时，也有义务继承和传播《易经》的宝贵思想，让世界上更多的人了解它并通过它受益。

（4）《易经》中的“天人合一”思想更是值得今天的人们借鉴与学习。对于当前环境破坏日益严重，人与自热的关系问题日益突出，人们应该如何与自然相处，怎么看待人与自然谁是主宰等问题具有重大的指导意义。

本章测试题

一、判断题（请将判断结果填在题后的括号内，正确的填“√”，错误的填“×”）

1. 进入节节贯穿阶段，才算是真正的太极拳入门。（ ）
2. 虚实变化是贯穿太极拳运动始终的。（ ）
3. 做腰胯带手这种节节贯穿运动的同时，还要注意手一定要放松。（ ）

4. 只有在一个太极拳动作中同时具备腰胯带手和梢节领劲，才能吻合太极拳相互矛盾而统一的原理。（　　）

5. 内三合指的就是心与意合、筋与骨合、气与力合。（　　）

二、单项选择题（选择一个正确的答案，将相应的字母填入题内的括号中）

1. 下列选项中对节节贯穿的阐述不正确的是（　　）。

A. 属于太极拳六大体系的第二体系

B. 是太极拳独特的运动模式

C. 是虚实变化的进阶阶段

D. 可以使气血流通旺盛、关节活动度增大

2. 对于虚实变化的理解不正确的是（　　）。

A. 虚实变化就是要做到周身无处不阴阳，阴阳不断转换

B. 虚实变化是日积月累的过程，不可一蹴而就

C. 虚实变化是贯穿太极拳运动始终的

D. 虚实变化阶段的练习主要靠悟性

3. 缠丝劲又被称为“麻花劲”，以下说法正确的是（　　）。

A. 动作定式的准确和运行线路的准确，是练好太极拳缠丝劲的基础

B. 缠丝劲和阴阳矛盾没有关系

C. 只有陈氏太极拳中才有缠丝劲

D. 缠丝劲只是外形的运动

三、简答题

1. 简述节节贯穿的定义和理论来源。
2. 简述虚实变化的重要性。
3. 简述缠丝劲的作用。
4. 简述节节贯穿的作用。
5. 简述梢节领劲在技击方面的作用。
6. 简述太极拳内气的产生原理。
7. 简述在“形气结合、如环无端”这一阶段应该注意哪些问题。
8. 简述太极拳的“松”和“沉”。
9. 简述内劲与内气的关系。

第5章

太极拳十九式、三十八式教学

本章提要

指导学员安全、有效地完成太极拳中级套路的定式和口诀的练习，是四级社会体育指导员（太极拳）的主要职责。因此，准确、熟练地掌握本级别的太极拳实操技术，是十分重要的。

本章重点介绍和规定了太极拳教练员必须掌握的四级套路技术，包括十九式太极拳、三十八式太极拳的定式和口诀。

5.1 十九式线路口诀和定式要求

5.1.1 起势

口诀：双腿并立，双手放在双腿两侧。

口诀：重心到右腿，右腿慢慢往下沉，左腿左膝领劲慢慢往上提，向左横开一步，点地，踏实。

定式要求：右脚、膝、胯成一直线。

口诀：右脚慢慢站立，移重心到中间。

定式要求：双脚平行与肩同宽；双手于双腿两侧。

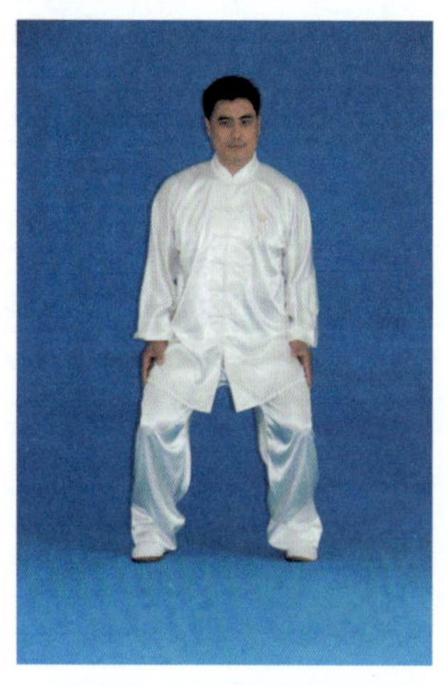

口诀：收腹，下沉，胸腔膨胀。

定式要求：大腿与地面成 135°，中指位置不变。

口诀：继续下沉，带双手下落于双膝外侧。

定式要求：双手手指方向与大腿平行，指尖与膝盖平。

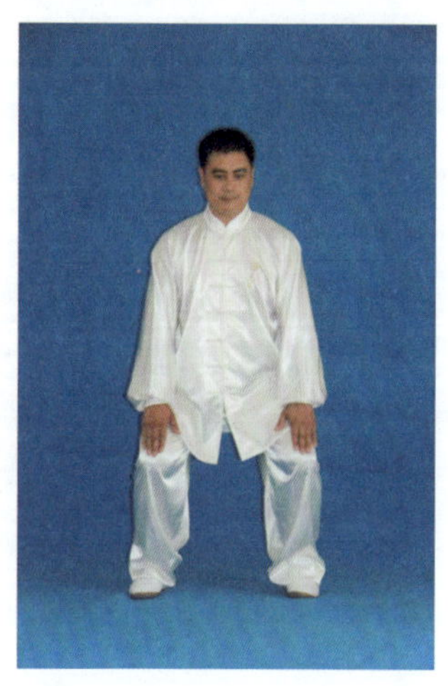

口诀:收腹，下沉，含胸，带双臂内旋。

定式要求：掌背向前，指尖与膝平。

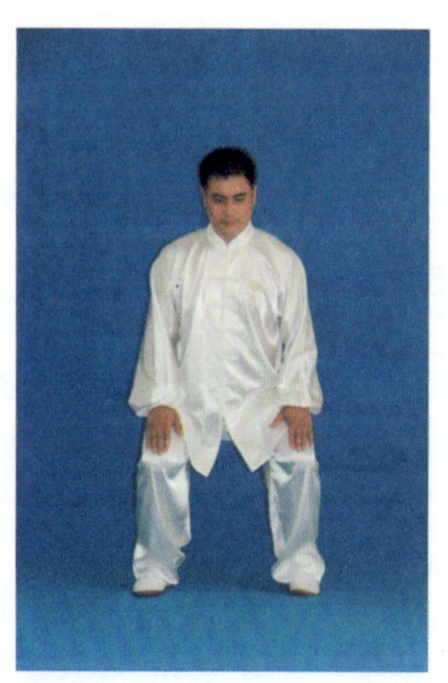

口诀：继续下沉，松肩，松肘。

定式要求：手指位置不变。

口诀：双手下穿。

定式要求：指根贴于膝盖，指尖垂直向地面。

口诀：收腹，下沉，胸腔膨胀，带双手在身体前方慢慢往上提。

定式要求：双手打开，与肩同宽，与肩同高，掌心向下。

口诀：双肩向后，下沉，继续下沉，松肩，松肘。

定式要求：双手掌心向前，大臂自然下垂，双肘与身体同一平面。

口诀：微前倾。

定式要求：双手与身体的空间位置不变。

口诀：下沉，带双手下落，身体回正。

定式要求：双手掌根贴于大腿前部中间，指尖向前，掌心向下。

5.1.2　金刚捣碓

口诀：收腹，下沉，双手下落，含胸，左手臂内旋，右手外旋向左划弧。

定式要求：身体与脚尖方向一致，右手掌心向左前45°，指尖向下于身体中线；左手掌心向左于左膝内侧上方。

口诀：下沉，微右转，双手翻掌。

定式要求：身体向微右前方（左肩向前）；左手掌心左前45°，于左膝内侧上方；右手掌心向前于身体中线。

口诀：下沉，微左转移重心到右腿，双手向左方掤出。

定式要求：身体与脚尖方向一致；重心在右腿；右肘及小臂内侧于身体中线，右小臂微斜向上；左手掌心左前45°，小臂正前，于左膝内侧前上方。

口诀：上下对开，左手松肩、松肘，右小臂上抬，双手翻掌。

定式要求：身体与脚尖方向一致；双手空间位置不变；右手小臂左前45°，指尖正前方；左手指尖向微左前方于左脚前上方。

口诀：微右转，移重心到左腿，双手继续翻掌，向右划弧。

定式要求：身体与脚尖方向一致；重心在左腿；左肘于身体中线，左小臂微斜向上；右手掌心右前45°，小臂向前，于右膝内侧前上方。

口诀：下沉，右转，摆右脚尖。

定式要求：身体右前与左脚尖成45°，左腿胯、膝、脚三点垂直于地面，左手掌沿于身体中线，手臂与左脚尖成45°，右手指尖和左脚尖同一方向于右脚上方。

口诀：收腹，下沉，胸腔膨胀，两手微内收。

定式要求：双手在原来与身体的空间位置上微内收。

口诀：含胸，双肘微打开。

定式要求：身体与右脚尖成22.5°，左手指尖与右脚尖方向一致，左肘微打开；右手掌心方向与右脚尖方向一致于右脚掌上方。

口诀：下沉，后背放松。

定式要求：身体与左脚尖成45°，左手掌沿于身体中线，左小臂微斜向上；右手掌心与右脚尖方向一致，于右膝内侧前上方。

口诀：下沉，上身前倾，双手微内收。

定式要求：身体与右脚尖成22.5°，左手指尖与右脚尖方向一致，与左脚掌同一平面于右脚内侧上方，右手掌心与右脚尖方向一致于右脚尖前上方。

口诀：下沉，移重心到右腿，双手前推。

定式要求：双手在上图中与身体的空间位置不变，微前推。

口诀：继续下沉，收左腿，双手前推与身体对开。

定式要求：身体左前与右脚尖成22.5°，左脚尖左前与右脚尖方向成45° 踮于右脚旁（低于右脚半个脚掌）；左手小臂向前与右脚尖方向一致于左胯前上方；右手于右脚尖前上方，掌心与右脚尖方向一致。

口诀：收右胯，手与身体对开，收左腿。

定式要求：身体与右脚尖方向一致，右手掌心与右脚尖方向一致于右膝外侧上方，左手小臂与左大腿方向一致。

口诀：下沉，提左腿向左后45°铲出。

定式要求：身体右前与右脚尖方向内成22.5°，双脚尖成90°；右掌心向外在右膝内侧上方；左手掌心向上，小臂内侧及手掌外沿于身体中线。

口诀：上下对开，左小臂上抬。

定式要求：身体右前与右脚尖方向内成22.5°，左小臂斜向上45°。

口诀：右转，右手向后抽，左手内旋。

定式要求：身体与右大腿方向一致；右手于右大腿外侧与肘、肩平，右小臂、指尖与右脚尖方向一致；左手掌斜向上45°，指尖右前45°；肘沉于身体中线。

口诀：下沉，左手内旋，右手外旋前推，翻掌向下。

定式要求：身体与右大腿方向一致；右手指尖与右大腿方向一致于右大腿外侧；左小臂、指尖与双脚连线方向平行于右膝内侧上方；双手掌心向下。

口诀：下沉，带双手下按。

定式要求：身体与右脚尖方向一致；右手指尖与大腿方向一致，于右膝上方；左手指尖向右贴右大腿内侧，拇指于大腿中间。

口诀：微右转，移重心到左腿，身体左转，至身体回正时放松下沉，翻右手，掌心向上。

定式要求：身体回正与左脚尖成45°；左肘关节成90°，左小臂与身体成90°与地面平行，掌心向下，掌指关节微曲，指尖斜下，左大臂贴身体，右手掌心向上于右大腿上。

口诀：收腹下沉，含胸，双肘打开。

定式要求：身体与左脚尖成45°；右手小指背贴大腿，指尖与右脚尖成45°，左手掌心向下，指尖不超过身体中线。

口诀：双手向两侧打开。

定式要求：身体与左脚尖成45°；左手掌心平向下，指尖与左脚尖方向成22.5°于左脚前上方；右手于右大腿外侧，掌心向上，右手臂与右脚尖方向成45°，指尖与右大腿方向一致。

口诀：后背放松，双手继续向两侧打开。

定式要求：身体与左脚尖成45°；左掌心向下，指尖与左脚尖方向一致；右掌心向上，指尖与右脚尖方向成45°。

口诀：下沉，左转，右手内旋至右手掌心向前，下落于右大腿外侧，左手微内收。

定式要求：身体与左脚尖成22.5°；左手指尖与左脚尖成45°；右手掌心与左脚尖方向一致于右大腿外侧。

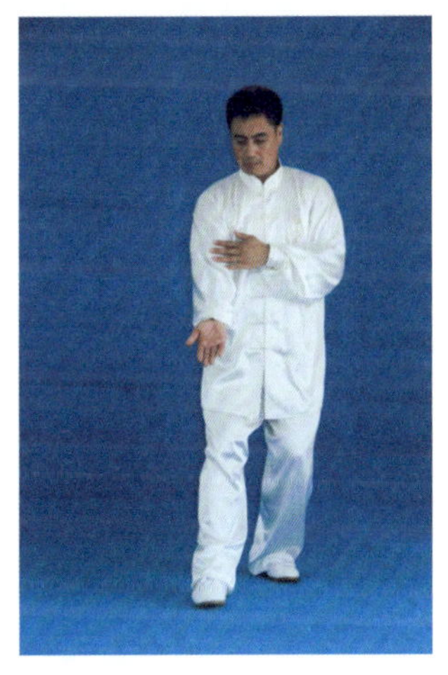

口诀：提右腿上步，带右手向前，左手合于右大臂下方。

定式要求：左脚尖朝正前方；身体与左脚尖方向一致；右手臂斜向下45°于右脚上方；左手指贴于右大臂下方，指尖向右。

口诀：下沉，右小臂向上抬。

定式要求：身体正前与左脚尖方向一致；右小臂斜向上45°；左手不变。

口诀：微前倾，左手贴身翻掌，右手微里合。

定式要求：身体正前与左脚尖方向一致；右小臂垂直于地面，左手空间位置不变，掌心向上，手指贴右手肘关节。

口诀：下沉，双手放松下落，收右脚。

定式要求：身体向正前方；右手掌背贴于右膝，指尖与膝平；左手掌心平向上于腹前。

口诀：提右膝，右手由掌变拳上提。

定式要求：身体左前与左脚尖成 22.5°；右肘与右膝合，右拳背与左脚尖方向一致；右脚自然下垂；左手位置不变。

口诀：震脚砸拳。

定式要求：身体与脚尖方向一致，双脚平行与肩同宽；重心在中间；右拳背贴左掌心，拳心、掌心向上。

5.1.3 懒扎衣

口诀：收腹下沉，含胸，双肘掤出。

定式要求：身体与脚尖方向一致；双脚平行与肩同宽；右拳背贴左掌心于腹前；左手掌心平向上，指尖向右；双肘略出。

口诀：双肘里合，右转移重心到左腿，双手向右前方掤出。

定式要求：身体向右前方与左脚尖成 45°；左小臂正右方，左掌心平向上；手指方向和身体同一平面，右小臂正前方，右拳心平向上；右拳背贴左掌心；双手于右脚内侧上方。

口诀：双肘继续里合，下沉，左转，移重心到右腿，双手下落贴于左胯前。

定式要求：身体左前与左脚尖成 45°；重心在右腿；左手指尖向前，掌心平向上；右拳面向后，右拳心平向上；拳背贴左掌心。

口诀：收右胯，含胸，双肘向外旋出。

定式要求：身体左前与左脚尖成22.5°；左手贴身体；右手不变。

口诀：双臂内旋，人下沉，右肘向上提，左掌心向内贴大腿下穿。

定式要求：身体与脚尖方向一致；右拳眼贴身体中线；左手指尖斜向下贴大腿内侧。

口诀：下沉，右转移重心到左腿，右拳外推。

定式要求：身体右前与右脚尖成22.5°；重心在左腿；右拳心向右与肩同高于右脚外侧上方；左手指尖斜向下贴大腿内侧。

口诀：微左转，左掌往左下方穿掌同时右手臂外旋。

定式要求：身体与脚尖方向一致；右拳高度不变，拳心向左；左手掌心向后，手臂与指尖左下成45°。

口诀：右转，左臂外旋向右划弧，右手继续外旋。

定式要求：身体右前与左脚尖成45°；重心在左腿；右拳于右大腿上方，拳心对着自己的脸；左手掌心斜向下于左大腿外侧，小臂与指尖左前45°，左手腕与肩同高。

口诀：左转，身体回正，带右拳向左，双手相合，下沉。

定式要求：身体与脚尖方向一致；左手掌心向右，小臂与指尖斜向上45°，小臂与大臂成90°；右手掌心向内，小指贴左肘关节，肘下落；双手合于左腿外侧上方。

口诀：继续下沉，穿右掌，左掌笔直下落，左转移重心到右腿。

定式要求：身体左前与右脚尖成45°；重心在右腿；右手掌心向内与脸相对于左大腿上方；左手掌心向右于大腿中间上方；双手（右手外沿与左手指尖）成一直线。

口诀：收右胯，右手内旋，翻右掌；左手内旋至掌心向后，微右转，右手拉开，身体回正。

定式要求：身体与脚尖方向一致；重心在右腿；右手掌心向右，指尖向前与肩同高；左手掌贴左大腿中间上方。

口诀：人下沉，收右小臂。

定式要求：身体与脚尖方向一致；右小臂于正前方；左手不变。

口诀：右手向后抽，右转移重心到左腿。

定式要求：身体右前与左脚尖成45°；重心在左腿；右手掌心向右于右大腿外侧，小臂与指尖向前，与肩同高；左手指尖斜下方贴左大腿内侧。

口诀：微左转，左手掌心向后向左穿掌，身体回正，右手外推。

定式要求：身体回正与脚尖方向一致；右手掌心向右方，指尖向前与肩同高；左手掌心向后，手臂与指尖斜向下45°。

口诀：下沉，微右转，双手外旋翻掌，带左手向前。

定式要求：身体右前与左脚尖成45°；重心在左脚；右手掌心向上，高度不变，于身体右侧；左手掌心向下于左腿前上方。

口诀：收右胯，下沉，带右手臂内旋至掌心向前。

定式要求：身体右前与左脚尖成45°；重心在左脚；右手掌心向前，高度不变；左手掌心向下于左腿前上方。

口诀：下沉，微左转，收右腿，右手下落，左小臂内收。

定式要求：身体右前与左脚尖成22.5°；右手掌心向前于右膝外侧，左手指尖向右前方45°。

口诀：下沉，开胸，右手微外旋左小臂内收。

定式要求：身体右前与左脚尖成45°；左手指尖向右；右手掌心右前方45°。

口诀：下沉，提右腿向右铲出，双手合于右膝内侧。

定式要求：身体与右脚尖方向一致；右手指尖与右脚尖方向一致；双手十字纹相合成90°。

口诀：下沉，左转，移重心到右腿，左脚跟内收，带双手于左胯前。

定式要求：双脚尖外摆45°；身体与左脚尖方向一致。右手掌方向与左大腿平行，双手十字纹相合成90°。

口诀：上下对开，收右小臂同时左肘微下落。

定式要求：身体和左脚尖方向一致；右小臂斜向上45°，手掌外沿于身体中线；左手肘下落。

口诀：下沉，右手翻掌至掌心斜下 45°。

定式要求：身体与左脚尖方向一致；右大臂与肘贴身体，掌心斜向下 45°，手掌于身体中线；左肘微下落。

口诀：左手推右手至右手掌心向外。

定式要求：身体与左脚尖方向一致；双手于左跨前上方；右手掌心向外，肘比手略高；左手竖掌。

口诀：人下沉，右手前推，左手下按至腹前。

定式要求：身体与左脚尖内成 22.5°；右手正面看手腕与身体平，掌心与左脚尖方向一致；左手掌心平向下于腹前。

口诀：下沉，右转，身体回正，右手松肩、沉肘、外旋、下沉，同时翻左掌。

定式要求：身体与脚尖成 45°；右手掌心向前，指尖向上于右膝内侧前上方，手腕与肩同高；左手掌心向上，指尖向右于腹前。

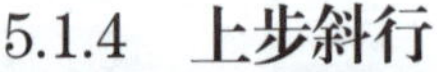

5.1.4 上步斜行

口诀：下沉，左转，左掌向右手方向穿，右掌继续外旋。

定式要求：身体与右脚尖成 90°；右手空间位置不变，掌心向左，指尖斜向上；左大臂贴身体，小臂与掌心斜向上 45°。

口诀：下沉，摆左脚尖，左转，右手外旋。

定式要求：身体与右脚尖成 90°；右手掌心左前方于左膝内侧前上方；左手不变。

口诀：继续左转，左手内旋，右手继续外旋。

定式要求：身体与右脚尖成45°；右手于右大腿外侧上方，掌心向上，指尖向右；左手掌心向外，指尖贴于右肩窝处。

口诀：收左胯，下沉，身体微左倾，移重心到左腿。

定式要求：身体方向和右脚尖成45°；右手臂斜向上45°，掌心斜向上；左手位置不变。

口诀：继续下沉，双手向上穿。

定式要求：身体方向与右脚尖成45°；双手斜向上。

口诀：微左转，提右腿上步，带双手向上、向前，下沉，双手下打。

定式要求：右脚尖正前方，左脚尖左前45°；身体与左脚尖成22.5°；双手掌心平向下，指尖与右脚尖方向一致；左掌根贴于胯下四指；右掌根贴于右膝髌上三指。

口诀：收腹下沉，双手下落贴大腿，胸腔膨胀，带双手向上提至掌跟贴于双胯前下沉，微含胸，两肘向身体两侧打开，同时摆右脚尖。

定式要求：身体右前与右脚尖成45°；双手大鱼际贴大腿根部，双手指尖斜向下45°于胯前；右脚尖外摆与左脚尖成135°。

口诀：右转，前倾，移重心到右腿。

定式要求：身体与右脚尖成45°；双手指尖斜向下45°于胯前。

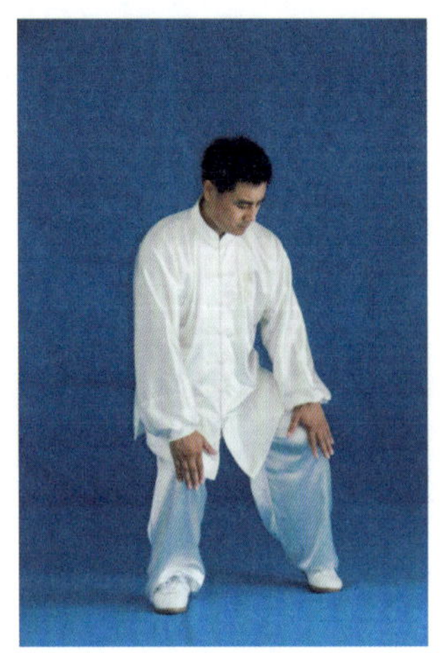

口诀：下沉，收左腿同时两手放松下落于两膝前。

定式要求：身体与右脚尖成45°；左脚点于右脚后半个脚；双手指根贴双膝前，指尖向下。

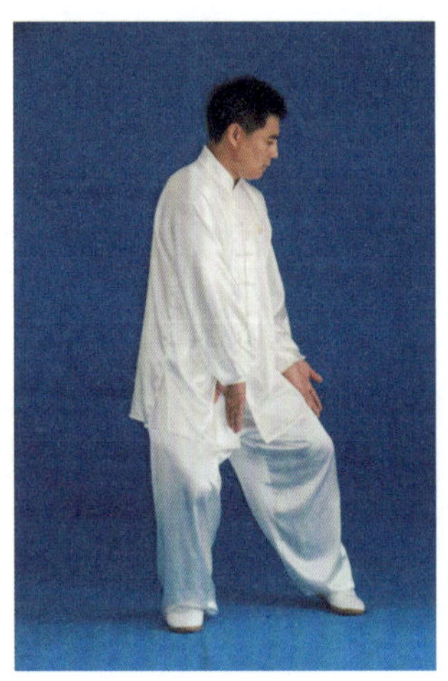

口诀：身体微站起，左转，左手外旋，右手内旋。

定式要求：身体左前与右脚尖成45°；左手掌心向外，位于左大腿外侧；右手掌心向右于身体中心线。

口诀：下沉，右转，两手向左上划弧，同时提左腿。

定式要求：右手掌心向前与右脚尖成45°，指尖向左于左膝内侧前上方；左手掌心向上，指尖正左于左大腿外侧。

口诀：下沉，提左腿向左侧45°铲出，双手掤于右前方。

定式要求：右脚尖向正前方（起势方向）；身体方向与右脚尖内成22.5°；左脚方向与右脚尖成90°；右手掌心右前方于右膝内侧上方；左手掌心向上，手掌外沿于身体中线。

口诀：上下对开，微右转，翻掌。

定式要求：身体与右脚尖方向一致；右手掌心向上于右大腿外侧平行于右大腿；左手掌心向下，指尖对右手于右膝内侧上方。

口诀：下沉，右小臂微里收，左手向下按。

定式要求：身体与右脚尖方向一致；右小臂斜向上 45°，指尖与右大腿方向一致于右大腿外侧；左手掌心向下，指尖方向平行于两脚平面于右膝内侧。

口诀：收腹，下沉，右掌微前穿，左转带左手于左膝内侧。

定式要求：身体与右脚尖成 45°；左手掌心平向下，指尖平贴于左膝内侧；右手平行于两脚平面于右膝外侧。

口诀：下沉，左手内旋至指尖向里，移重心到左腿，右手内收，左手前移至掌根贴左膝内侧。

定式要求：身体与右脚尖方向一致；左手大鱼际贴左膝内侧，掌心平向下，指尖向右脚；右手小臂垂直于地面，掌心与右耳相对。

口诀：下沉，左手松肩、松肘，左转，左手沿左膝盖绕圈；右手向身体中线划弧。

定式要求：身体与左脚尖方向一致；右手指贴右脸颊，右手掌竖掌于身体中线；左手掌心平向下，指尖与膝平。

口诀：下沉，左手变勾手，身体回正，同时右手推至左肩前。

定式要求：身体方向与左脚尖成 45°；右手臂贴身体；大拇指贴左肩窝处，掌心向左指尖向上；左手为勾手，拇指贴左膝外侧。

口诀：收右胯，下沉，含胸，双手内旋。

定式要求：身体方向与左脚尖成 45°；右手掌心与左脚尖方向一致，与左肩平；左手位置不变。

口诀：上身回正，提左手，右手前推。

定式要求：身体方向与左脚尖方向一致，右手在身体中线，掌心与左脚尖方向一致；左手小臂与左大腿方向一致于左脚外侧上方。

口诀：下沉，右转，右手拉开，人下沉，右手臂外旋，松肩、松肘。

定式要求：身体方向与左脚尖成 45°；左手与身体一平面；右手掌心与右脚尖方向一致于右膝内侧上方。

5.1.5 初收

口诀:下沉，收腹，含胸，双手内旋，微右转，带左手至右手处，双手背相合。

定式要求：身体方向与右脚尖方向一致；右手于右胯前上方，双手指尖与右脚尖方向一致。(双手背可贴)

口诀:下沉，松肩、松肘。

定式要求：身体方向与右脚尖方向一致；双手与身体的空间位置不变，掌心斜向下45°。

口诀：双手继续外旋，微左转，双手下落，同时胸腔膨胀。

定式要求：身体方向与左脚尖成45°；双手贴双膝内侧，双手指尖指向双脚尖。

口诀：收腹下沉，含胸，两肘微打开。

定式要求：身体方向与左脚尖成45°；双手指尖垂直向下，掌心相对。

口诀：继续下沉，双手向下插。

定式要求：身体方向与左脚尖成45°；上身尽量正；双肘贴双膝内侧；双手指尖垂直向下，掌心相对。

口诀：含胸，双手变挖。

定式要求：身体方向与左脚尖成45°；双手指尖相对，掌心平向上于身体中线。

口诀：人起来，带双手上提。

定式要求：身体方向与左脚尖成 45°；双手指尖相对，掌心平向上于肚脐上方。

口诀：下沉，左转（右肘里合），双手外旋，移重心到右腿。

定式要求：身体、双手指尖与左脚尖方向一致；双肘贴身体前，小臂与地面平行。

口诀：摆右脚跟，收左腿，双手下落。

定式要求：右脚右前 45°，左脚向前；身体与左脚尖方向一致；双手小臂斜向下 45°。

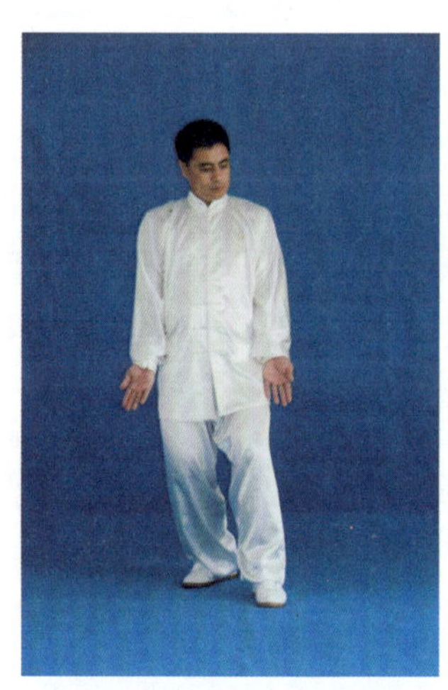

口诀：顶胯，双手下落。

定式要求：身体与左脚尖方向一致；双手掌心与左脚尖方向一致于双大腿外侧。左手贴大腿外侧；右肘贴身体。

口诀：收胯，微含胸，下沉，双手向上划弧。

定式要求：双手小臂与地面平行，掌心与左脚尖方向一致。

口诀：含胸，双手内旋合于双肩前。

定式要求：双手合于双肩前，手掌略高于肩，掌心斜向前下。

口诀：身体前倾，双手内旋下落合于胸前。

定式要求：身体与左脚尖方向一致；双手掌心向身体；左手指尖垂直向下；右手指尖斜向左下；双肘高于肩。

口诀：提左腿，双手向下插。

定式要求：双手掌心向身体，指尖向下，双臂伸直。

5.1.6 前蹚拗步

口诀：左脚点地，双手上提到左前方 45°。

定式要求：右脚尖右前 45°；左脚尖向前与右脚尖成 45°；身体左前与左脚尖成 45°；双手指尖与身体方向一致，掌心斜向下略高于肩。

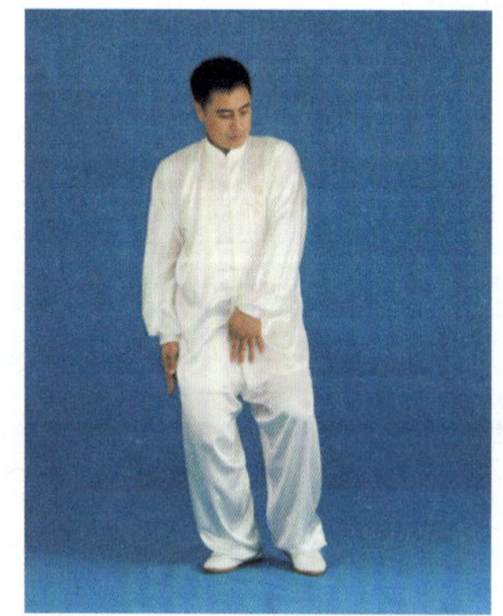

口诀：人下沉，双手向右下方落，同时收左腿，胸腔膨胀，右手臂外旋。

定式要求：双脚尖方向不变；身体与左脚尖方向一致；右手掌心贴右大腿外侧，指尖向下；左手掌根贴腹前，指尖向下。

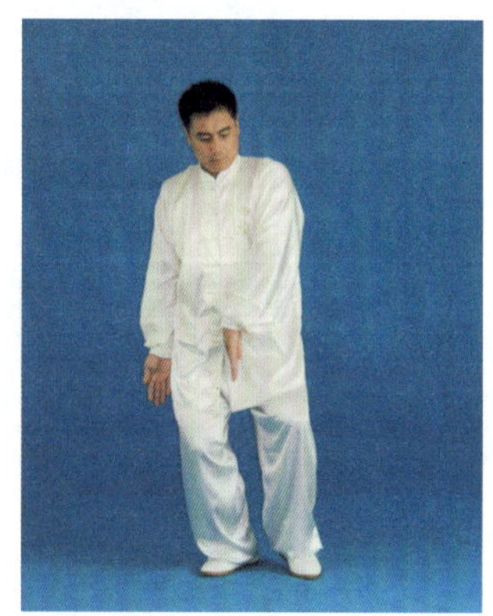

口诀：下沉，微左转，左手内旋，右手外旋。

定式要求：双脚尖方向不变；身体方向与左脚尖方向一致；右手掌心与左脚尖方向一致，手掌外沿贴大腿；左手掌心向左，指尖向下于身体中线。

口诀：下沉，右转，左手内旋，右手外旋，向右向上划弧。

定式要求：双脚尖方向不变；身体方向与右脚尖一致；左手中指贴右肩窝处掌心向外；右手掌心向上，指尖向右与右脚尖方向成 45°，与肩同高。

口诀：下沉，收左胯，左转，提左腿，摆左脚尖，左手外旋外翻；右手里合内旋。

定式要求：右脚尖方向不变；左脚尖向左与右脚尖成 135°；身体向前与左脚尖成 90°；左手大臂贴身，小臂与地面平行，掌心向上，指尖与身体方向一致；右手于右耳前，掌心斜向下。

口诀：收腹，下沉，微左转，右手搭于左手腕。

定式要求：身体向左前与右脚尖方向成 67.5°；右掌根贴左手腕，双手成 90°。

口诀：右手推左手，左转移重心到左腿。

定式要求：重心在左腿；右脚掌踮起；身体向左前与左脚尖外侧方向成22.5°；左手掌心向左，指尖向下于左腿外侧。

口诀：下沉，继续左转，左手外旋向左、向上、内旋向右划弧，同时收右腿。

定式要求：左脚尖方向不变；右脚踮于左脚后半个脚掌；身体与左脚尖方向一致；左手掌心向左，指尖与左脚尖方向一致于左脚前上方，小臂与地面平行；右手指尖贴于左手指根处。

口诀：人下沉，左手内旋，向上，右手外旋向右，提右腿。双手再向下划弧前伸，同时向后撤步。

定式要求：左脚尖方向不变；右脚尖与左脚尖成90°；身体与左脚尖方向一致；右大臂贴身，右手指尖方向与左大腿方向一致略斜向下，双手腕相合成90°。

口诀：上下对开，收右小臂。

定式要求：身体与左脚尖方向一致；右小臂斜向上45°；左手不变。

口诀：下沉，翻右掌。

定式要求：身体与左脚尖方向一致；右手掌心斜向下45°，左手不变。

口诀：收腹，下沉，右手翻掌，左手推右手至右手掌心向外。

定式要求：身体与左脚尖方向成45°；右手掌心与身体方向一致。左手按于右手腕背处。

口诀：下沉，移重心到右腿，左手内旋外撑，身体右转，双手拉开，下沉双臂微外旋，人下沉。

定式要求：身体与左脚尖方向成45°；双臂在双腿外侧上方，双掌打开，掌心向两侧，指尖向上。

5.1.7 青龙出水

口诀：下沉，双掌变拳，右拳外旋，移重心到左腿，同时双手一上一下划弧，

定式要求：身体与右脚尖方向一致；左手在上于右肩前，左拳面与小臂向右与右脚尖成90°，左小臂与地面平行，拳心向下；右手在下于右腿内侧，拳心向上；双拳心相对。

口诀：下沉，左转，移重心到右腿。

定式要求：身体与左脚尖成22.5°；左拳面与小臂正前方、左脚尖成90°；右拳心向上，右拳面与左大腿方向一致于左胯前。

口诀：收腹，下沉，胸腔膨胀带双手里合。

定式要求：身体与左脚尖方向一致；左拳眼贴胸中线；右拳眼贴肚脐，双拳心相对。

口诀：含胸，微前倾，双拳里合。

定式要求：身体与右脚尖方向成45°；双拳心贴身体。

口诀：身体右转，右小臂内旋向右膝盖内侧击出，左肘向后，同时击出。

定式要求：身体与右脚尖方向一致；右拳背向前于右膝内侧；左拳心贴左腰处。

5.1.8 双推手

口诀：人放松下沉，左拳下落。

定式要求：身体与右脚尖方向一致；右拳背向前于右膝内侧，右拳外沿于膝盖平；左手小臂垂直地面，小臂贴大腿于大腿中间内侧，拳背向前。

口诀：继续下沉，右拳下落。

定式要求：身体与右脚尖方向一致；右拳于大腿中间内侧，拳背向前；左拳不变。

口诀：左转，顶右胯，右拳外旋，左拳内旋。

定式要求：身体与左脚尖方向一致；左拳拳心向左于身体中线，拳眼贴小腹；右拳拳心向前于右胯前。

口诀：收右胯，双臂内旋，至两拳背相对。

定式要求：身体回正与右脚尖方向成45°；双拳背相对于腹前。

口诀：下沉，双臂继续内旋，右肘上提。

定式要求：身体正前方与右脚尖成45°；右拳眼贴锁骨下方，左手位置不变。

口诀：下沉，双小臂外旋，松肩、松肘至拳心向上，下落。

定式要求：身体与右脚尖成22.5°；双拳拳心向上；右手小臂与地面平行，拳面、小臂与右脚尖方向一致于右膝内侧；左拳心平向上贴肚脐。

口诀：人下沉，右拳下落。移重心到左腿，双拳变掌，左手内旋，双手背合于腹前。

定式要求：身体与右脚尖方向一致；左手指尖向下，掌心贴小腹；双手背相合，右手指尖左下45°。

口诀：收腹下沉，含胸，右手内旋、双手上提，翻右掌至掌心向外。

定式要求：身体与右脚尖方向一致，左手掌心贴胸窝前，指尖向下；右手掌心向外，指尖左下45°；双手背相贴。

口诀：移重心到右腿，双手向右前方挤出。

定式要求：身体与右脚尖内成22.5°，双手背相贴于身体前中线，左手指尖向下；右手掌心与右脚尖方向一致。

口诀：下沉，左转摆左脚尖，同时双手随身体左转向下划弧。

定式要求：身体方向与右脚尖方向成90°；左脚尖方向与右脚尖成180°；右大臂贴身体，小臂与地面平行于右胯上方，右掌心向左与右脚尖成45°；手指向前；左手掌心向后于身体中线，空间位置不变，指尖向右。

口诀：下沉，双手下落，左手变刁手上提，右手下落于右腿外侧。

定式要求：身体方向与右脚尖方向成90°；右手于大腿右侧，掌心向左；左手拇指与眼同高于左膝内侧上方。

口诀：下沉，左转摆左脚尖，右脚跟外摆移重心到左腿。

定式要求：左脚尖左前45°；身体正前与左脚尖成45°；右脚尖与左脚尖成90°；左手拇指与眼同高于左膝盖前上方；右手不变。

口诀：左手上提，提右腿上步，右手划弧变托手。

定式要求：右脚向前与左脚尖方向成45°；身体与左脚尖方向一致；左掌心向内于左脚尖上方，手的上沿与头同高；右肘与膝合，掌心平向上，略低于肩。

口诀：下沉，右脚向前跨一小步。

定式要求：身体与左脚尖方向一致；双手位置同前。

口诀：下沉，左手外旋松肩、松肘，手掌旋至掌心向上。

定式要求：身体与左脚尖方向一致；左手指尖向正前方与左脚尖成45°；右手与右脚尖方向一致；双手成90°。注意手打开时高度不变。

口诀：下沉，右手向前穿掌，左转，移重心到右腿，左手打开，同时左脚跟内勾。

定式要求：重心在右腿；身体正前与右脚尖成90°；右手指尖与右脚尖方向一致，左手于左大腿外侧，指尖向左，掌心向上与肩同高；左脚尖向前与右脚尖成90°。

口诀：收腹下沉，含胸，双手内旋至掌心向前，下沉，双小臂里合于双耳旁。

定式要求：身体正前方；双手于双耳旁，双掌心斜向下。

口诀：双手内旋，身体右转。

定式要求：身体右前与右脚尖内成22.5°，掌心斜向下。

口诀：下沉，右转，双手继续内旋向前推出，同时提左腿上步，人下沉。

定式要求：双脚尖朝正前方；身体与脚尖方向一致；双手掌心与身体方向一致，指尖向上；手臂与肩同高。

5.1.9 倒卷肱

口诀：下沉，松肩、松肘，双手外翻。

定式要求：双手掌心斜向上45°。

口诀：下沉，左转，左手外穿，右手里收。

定式要求：身体与左大腿方向一致；左手于左腿上方，小臂斜向上；右小臂与掌心斜向上，外沿于身体中线。

口诀：下沉，右转同时双手内旋，左手向右划弧，双手腕相合。

定式要求：身体与右脚尖方向一致；双手腕相交于右膝内侧上方；掌心斜向下45°。

口诀：下沉，双手内旋翻掌，提左腿向左后铲出，同时双手前穿。

定式要求：左脚尖正前与右脚尖成 90°；身体与右脚尖方向一致；双手腕合于右胯前上方，掌心向下。

口诀：下沉，双手内旋，左转，拉开。

定式要求：身体方向与右脚成 45°；左手指尖与左脚尖方向一致，掌根贴于左膝盖内侧上方四指，掌心略斜向下；右手掌心与右脚尖方向一致于右膝盖上方，手腕略高于肩。

口诀:下沉，翻掌，左转。

定式要求：身体与左脚尖内成 22.5°，右手臂与身体同一平面，掌心向上于右腿外侧；左手掌心向上，手指最后关节与膝盖平。

口诀：下沉，右掌内旋，移重心到左腿，左掌向左膝上方穿掌。

定式要求：身体方向与左脚尖内成 45°；重心在左腿；右手小臂、指尖与右脚尖方向一致于右胯前上方，小臂与地面平行；左手小臂斜向上 45°，指尖与左脚尖方向一致于左脚上方。

口诀:收右胯,右手变搂，左手合于耳前。

定式要求：身体方向与左脚尖方向成 67.5°；右手臂空间位置不变，指尖与右脚尖成 45°；左手掌心与右手掌心相对于左耳前。

口诀：右转，左脚跟外摆，收右腿，左脚跟继续外摆，同时左掌往前推。

定式要求：双脚尖方向正前；身体与脚尖方向一致；左手掌心与左脚尖方向一致，小指外沿与下巴同高；右手掌心向内，手掌上沿于心窝处 30 cm 处。

口诀：下沉，右手里合，右腿向右后45°铲出，左手继续向前推出。

定式要求：双脚尖成90°；身体与左脚尖成22.5°；右手空间位置不变，离身体10 cm左右；左手空间位置不变，于下巴前30 cm左右。

口诀：下沉，双手内旋，微右转，拉开。

定式要求：身体方向与左脚尖成45°；右手指尖与右脚尖方向一致，掌根贴于右膝盖内侧上方四指，掌心略斜向下；左手掌心与左脚尖方向一致于左膝盖上方，手腕略高于肩。

口诀：下沉，翻掌，右转。

定式要求：身体与右脚尖方向内侧成22.5°；左手臂与身体同一平面，掌心向上于左腿外侧；右手掌心向上，手指最后关节与膝盖平。

口诀：下沉，左掌内旋，移重心到右腿，右掌向右膝上方穿掌。

定式要求：身体方向与右脚尖内成45°；重心在右腿；左手小臂、指尖与左脚尖方向一致于左胯前上方，小臂与地面平行；右手小臂斜向上45°，指尖与右脚尖方向一致于右脚上方。

口诀：收左胯，左手变搂，右手合于耳前。

定式要求：身体与右脚尖方向成67.5°；左手臂空间位置不变，指尖与左脚尖成45°；右手掌心与左手掌心相对于右耳前。

口诀：左转，右脚跟外摆，收左腿，右脚跟继续外摆，同时右掌往前推。

定式要求：双脚尖方向正前；身体与脚尖方向一致；右手掌心与右脚尖方向一致，小指外沿与下巴同高；左手掌心向内，手掌上沿于心窝30 cm处。

口诀：下沉，右手里合，左腿向左后45°铲出，右手继续向前推出。

定式要求：双脚尖成90°；身体与右脚尖成22.5°；左手空间位置不变，离身体10 cm左右；右手空间位置不变，于下巴前30 cm左右。

口诀：下沉，双手内旋，微左转，拉开。

定式要求：身体与右脚尖方向成45°；左手指尖与左脚尖方向一致，掌根贴于左膝盖内侧上方四指，掌心略斜向下；右手掌心与右脚尖方向一致于右膝盖上方，手腕略高于肩。

5.1.10 掩手肱拳

口诀：下沉，双手外旋，左手下落。

定式要求：右手于右膝内侧前上方，指尖与右脚尖方向一致，与肩同高；左手掌背贴左大腿中间内侧，掌心与右脚尖方向一致。

口诀：微右转，双手外旋，右掌变拳收于右腰间，同时左手穿掌。

定式要求：身体与右脚尖成22.5°，左手与左脚尖内成22.5°；右拳拳心向上于右腰间。

口诀：收左胯，微左倾，蹬右腿，移重心到左腿，左转，顶右胯，右拳内旋打出，同时左掌变拳，左肘向后击出。

定式要求：重心在左腿；身体与左大腿方向一致；右拳心向下，右拳面与左脚尖方向一致；左拳心向上于左腰间。

5.1.11 如封似闭

口诀：收右胯，下沉，双手内旋。

定式要求：身体方向与左脚尖内成22.5°；右手空间位置不变，拳心斜向下45°；左拳心贴左腰间。

口诀：含胸，微右转，双臂继续内旋。

定式要求：身体与左脚尖方向成45°；右拳空间位置不变，拳心与右脚尖方向一致；左手拳眼贴左腰间。

口诀：右转，左手找右手。

定式要求：身体与右脚尖方向一致；右拳于右胯前上方；双拳背相对，间距 20 cm 左右。

口诀：收右胯，微右转，右肘微下沉。

定式要求：身体与右大腿方向一致；右拳于右腿上方，拳心向下；左拳背于身体中线，拳心向左前方。

口诀：下沉，双手外旋，身体回正。

定式要求：身体与左脚尖成 45°；双大臂自然贴身体，双小臂与地面平行；双拳面与身体方向一致。

口诀：上身左倾。

定式要求：身体左倾，双手与身体空间位置不变。

口诀：下沉，双拳外旋变掌，左转，双手微打开。

定式要求：身体与左脚尖成 22.5°；右手掌心向上，指尖与右脚尖方向一致于右胯前上方；左手掌心向上于左脚上方，与右手指尖成 90°。双手小臂平行地面。

口诀：下沉，勾右脚尖，左转移重心到右腿，右手沿右大腿方向穿掌，同时双手继续向两侧打开。

定式要求：身体与左脚尖方向一致；右手指尖与大腿方向一致于右大腿上方；左手与身体同一平面；双手略低于肩。

口诀：收腹下沉，含胸、双手内旋，下沉，双小臂里合于双耳旁。

定式要求：身体与左脚尖方向一致；双手于双耳旁，双手掌心斜向下。

口诀：双手内旋，身体右转。

定式要求：身体与右脚尖方向一致；双手略低于肩，掌心向下。

口诀：双手下按，带左脚上步于右脚旁。

定式要求：身体与右大腿方向一致；身体中线于右大腿内侧；双脚平行；两手中线于右腿前方，手指打开，双手虎口相对；左手于右大腿内侧，右手于右大腿外侧。

5.1.12 云手

口诀：下沉，松肩，松肘。

定式要求：身体与右大腿方向一致；双手高度不变，右手指尖左前45°，左手指尖右前45°。

口诀：顶右胯，右手下落，左手微外旋。

定式要求：身体回正与右脚尖方向成45°；右手掌心向后，指尖向下；左手掌心斜向下45°于裆中线，指尖与右脚尖方向一致。

口诀：微左转，带右手内旋至右胯前，左手随身体左转至左大腿上方。

定式要求：身体左前与右脚尖成90°；右手于右胯前掌心向右；左手大臂贴身体在左大腿上方，掌心斜向下45°。

口诀：下沉，收左脚跟，左手外旋，右手内旋，双手一上一下拉开。

定式要求：左脚尖向前；身体回正与左脚尖方向一致，左手指尖与膝盖平，掌心向右；右手于右脚尖外侧上方，掌心向右，指尖向前。

口诀：下沉，提左腿向左开一小步。

定式要求：身体与右脚尖成22.5°；右手与肩同高，掌心右前方；左脚尖向前，略向前于右脚半个脚掌；左大臂贴身体，手的空间位置不变。

口诀：身体微前倾，带左手贴身体中线。

定式要求：身体与右脚尖成22.5°；右手掌心向右前方，高度与肩平；左手掌心向右，指尖向下，位于身体中线。

口诀：下沉，微右转，移重心到左腿，左手内旋，右手外旋，双手一上一下划弧。

定式要求：身体与右脚尖方向一致；右手臂及掌心斜向下45°于右脚前上方，指尖向前；左手掌心向内，指尖贴右肘，松肩、沉肘。

口诀：下沉，翻掌。

定式要求：身体与右脚尖方向一致；右手掌心向左，指尖向下于右脚上方。左手指尖贴右肘处，掌心向外。

口诀：左转，带双手向左击出，提右腿向左脚后方插步。

定式要求：身体左前与左脚尖成22.5°；右手于左大腿外侧，掌心向左，指尖向下；左手掌心向左前方，小臂向前与肩同高。

口诀：微下沉，移重心到右腿，右手内旋，左手外旋，双手一上一下划弧。

定式要求：身体左前与左脚尖成22.5°；右手掌心向内，指尖贴左肘关节；左手臂及掌心斜向下45°，指尖向前。

口诀：下沉，翻掌。

定式要求：身体左前与左脚尖成22.5°；左手掌心向右，指尖向下。右手指尖贴左肘处掌心向外。

口诀：右转，带双手向右击出、提左腿向左开步。

定式要求：身体与右脚尖方向一致；左手于右大腿外侧，掌心与左脚尖成90°，指尖向下；右手掌心与右脚尖方向一致，小臂向前与肩同高。

口诀：下沉，微右转，移重心到左腿，左手内旋，右手外旋，双手一上一下划弧。

定式要求：身体与右脚尖方向一致；右手臂及掌心斜向下 45° 于右脚前上方，指尖向前；左手掌心向内，指尖贴右肘，松肩、沉肘。

口诀：下沉，翻掌。

定式要求：身体与右脚尖方向一致；右手掌心向左，指尖向下于右脚上方。左手指尖贴右肘处掌心向外。

口诀：左转，带双手向左击出、提右腿向右开步。

定式要求：身体左前与左脚尖成 22.5°；右手于左大腿外侧，掌心向左，指尖向下；左手掌向左前方，小臂向前与肩同高；右脚尖平行于左脚尖。

口诀：下沉，微左转，移重心到右腿，右手内旋，左手外旋，双手一上一下划弧。

定式要求：身体左前与左脚尖成 22.5°；左手臂及掌心斜向下 45° 于左脚前上方，指尖向前；右手掌心向内，指尖贴左肘，松肩、沉肘。

口诀：下沉，翻掌。

定式要求：身体左前与左脚尖成 22.5°；左手掌心向右，指尖向下于左脚上方。右手指尖贴左肘处，掌心向外。

口诀：右转，带双手向右击出、提左腿向右脚后方插步。

定式要求：身体右前与右脚尖成 22.5°；左手于右大腿外侧，掌心向右，指尖向下；右手掌向右前方，小臂向前与肩同高。

口诀：微下沉，移重心到左腿，左手内旋，右手外旋，双手一上一下划弧。

定式要求：身体右前与右脚尖成22.5°；左手掌心向后，指尖贴右肘关节；右手臂及掌心斜向下45°，指尖向前。

口诀：下沉，翻掌。

定式要求：身体右前与右脚尖成22.5°；右手掌心向左，指尖向下。左手指尖贴右肘处，掌心向外。

口诀：下沉，微右转，松肩，松肘，提右腿向右横开一大步，右手下落，左手前推。

定式要求：身体正前与左脚尖成45°；右手于右胯前，掌心向左，指尖向下；左手与肩同高，掌心向外，掌心于身体中线。

口诀：下沉，左转，移重心到右腿，带右手于左胯前，左手前推下落。

定式要求：身体与左脚尖方向一致；右手指尖与左大腿方向一致；左手臂斜向下45°，指尖向前。

口诀：收右胯，微右转，右小臂上抬，左小臂内旋下落。

定式要求：身体与左脚尖成22.5°；右手于身体中线，小臂斜向上45°，指尖左前45°；左手指贴左膝内侧，左小臂垂直于地面，掌背向前，指尖向下。

口诀：下沉，微右转，翻右掌至斜下45°，左手翻掌至掌心向右。

定式要求：身体正前方与右脚尖成45°，左手掌心向右，指尖向下于左膝内侧；右手掌心斜向下45°于左肩前。

口诀：继续右转，翻右手掌心向外，左手松肩、松肘。

定式要求：身体与右脚尖成 22.5°，右手掌心向外于身体中线；左手掌向右，指尖向下。

口诀：下沉，右转移重心到左腿，左手外旋向上划弧，右手微下落，双手合于右前方。

定式要求：身体与右脚尖方向一致；右掌心向外，左掌心向上，左小臂及指尖与右大腿方向一致于身体中线平行于地面。

口诀：上下对开，收左小臂，右肘微下落。

定式要求：身体与右脚尖方向一致；左小臂斜向上 45°，手掌外沿于身体中线；右手肘下落，掌心向外。

口诀：下沉，左手翻掌至掌心斜下 45°。

定式要求：身体与右脚尖方向一致；左大臂与肘贴身体，掌心斜向下 45°，手掌于身体中线；右肘微下落。

口诀：右手推左手至左手掌心向外。

定式要求：身体与右脚尖方向一致；双手于右胯前上方；左手掌心向外，肘比手略高，指尖斜向右下 45°；右手竖掌。

口诀：右手内旋外撑，左转，双手拉开，双臂外旋，下沉。

定式要求：身体正前方与左脚尖呈 45°；双臂在双腿外侧上方，双掌打开，掌心向两侧，指尖向上。

5.1.13 高探马

口诀：下沉，微左转，摆左脚尖，左腕领劲里收，右手外旋下落。

定式要求：左脚尖向左；身体与左脚尖成45°；左手指尖与左脚尖方向一致于左脚前上方；右手掌心与左脚尖方向一致于右大腿外侧。

口诀：继续左转，提右腿上步，左小臂向右胸里合。

定式要求：右脚尖与左脚尖方向一致；身体微向右与右脚尖成22.5°；右掌心向前于右膝外侧，左手指尖向右前方45°。

口诀：下沉，开胸，右手微外旋，左小臂内收。

定式要求：身体与左脚尖方向成45°；左手指尖向右；右手掌心右前方45°。

口诀：下沉，提右腿向右铲出，双手合于右膝内侧。

定式要求：身体与右脚尖方向一致；右手指尖与右脚尖方向一致；双手十字纹相合成90°。

口诀：下沉，左转，移重心到右腿，左脚跟内收，带双手于左胯前。

定式要求：双脚尖外摆45°；身体与左脚尖方向一致。右手掌方向与左大腿平行，双手十字纹相合成90°。

口诀：上下对开，收右小臂，同时左肘微下落。

定式要求：身体与左脚尖方向一致；右小臂斜向上45°，手掌外沿于身体中线；左手肘下落。

口诀：下沉，右手翻掌至掌心斜下45°。

定式要求：身体与左脚尖方向一致；右大臂与肘贴身体，掌心斜向下45°，手掌于身体中线。左肘微下落。

口诀：左手推右手至右手掌心向外。

定式要求：身体与左脚尖方向一致；双手于左跨前上方；右手掌心向外，肘比手略高；左手竖掌。

口诀：左手内旋外撑，右转，双手拉开，双臂外旋，下沉。

定式要求：身体正前与右脚尖成45°；双臂在双腿外侧上方，双掌打开，掌心向两侧，指尖向上。

口诀：下沉，微左转，左手外旋，翻左掌向上。

定式要求：身体左前与左脚尖成22.5°；左手略低于肩，掌心向上，指尖向左；右手于右脚上方，掌心与右脚尖方向一致。

口诀：右转，带右手向下，左手内旋，向右划弧。

定式要求：身体与右脚尖方向一致；左掌心向下略低于肩，于右膝内侧上方，指尖向右；右掌心向下，位于右膝外侧，指尖与膝平。

口诀:下沉，人微前倾，翻右掌贴于右大腿。

定式要求：身体与右脚尖方向一致；左手高度不变，肘下落；右手大鱼际位置不动，掌心贴大腿，指尖向下。

口诀:下沉,右手外旋,翻掌上抬,左手下按。

定式要求：身体与右大腿方向一致；左手掌心向下，指尖向右，食指贴右膝内侧；右手掌心向内，小臂垂直于地面。

口诀:微左转，左手外旋至掌心向内，左转，带左手内旋至身体中线，右手内旋合于耳旁。

定式要求：身体正前与右脚尖成45°；左手于裆中线，掌心平向下，指尖向右；右手掌心左前于耳旁。

口诀：左转，收左腿，左手翻掌向上，右手向前推出。

定式要求：两脚平行，与肩同宽，重心在右腿，三点一线，脚尖向前，身体与脚尖方向一致；右手掌心向外，指根于身体中线，手掌高度与肩平，松肩。

5.1.14　右蹬一跟

口诀：下沉，右手外旋，松肩、松肘至掌心向左，同时左手翻掌。

定式要求：身体与脚尖方向一致；右手指尖不超过肩，掌心向左，指尖向前，松肩、沉肘于右脚上方；左手掌心向内合 45°，指尖向右。

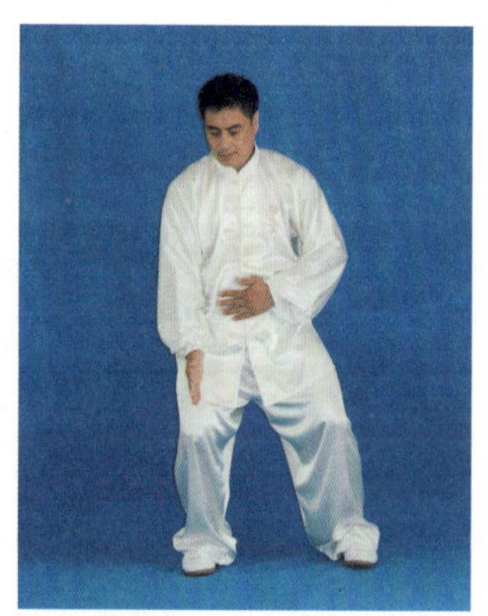

口诀：继续下沉，翻左手掌心向里，右手下落于右腿上方。

定式要求：身体与脚尖方向一致；右掌心向左于右腿前中间，左掌心贴腹，指尖向右。

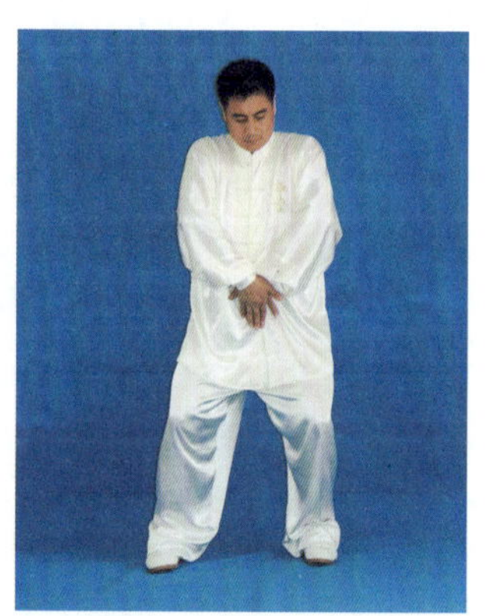

口诀：左手以掌根为支点，旋至指尖向下，微右转，移重心到左腿，两手相合于腹前。

定式要求：重心在左腿；身体右前与右脚尖内成 22.5°；双手掌心向内，指尖向下。

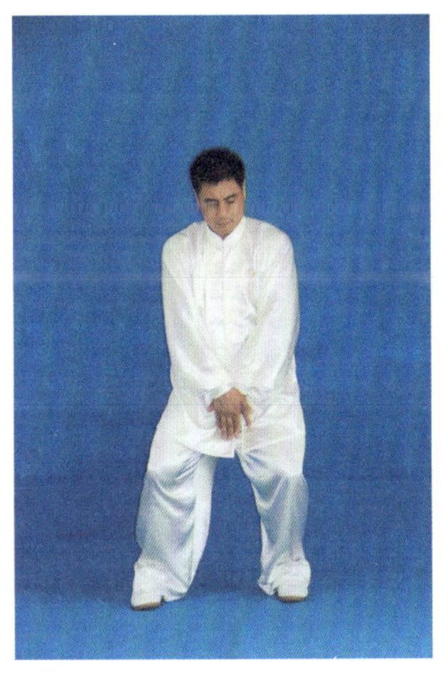

口诀：下沉，双手下插。

定式要求：身体与脚尖方向一致；双手掌根贴于小腹前，指尖向下。

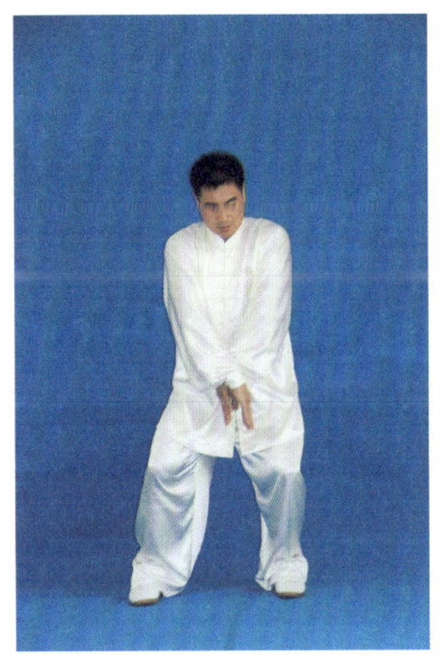

口诀：收腹，下沉，含胸，双臂内旋。

定式要求：身体与脚尖方向一致；双手空间位置不变，掌心相对。

口诀：双手继续内旋，人下沉，双肘上提。

定式要求：身体与脚尖方向一致；双手于胸前，双肘比肩高。

口诀：前倾，双手外旋翻掌。

定式要求：身体与脚尖方向一致；双手腕相交，掌心斜向上45°。

口诀：下沉，带双手下落。

定式要求：身体与脚尖方向一致；双手掌心斜向上于腹前。

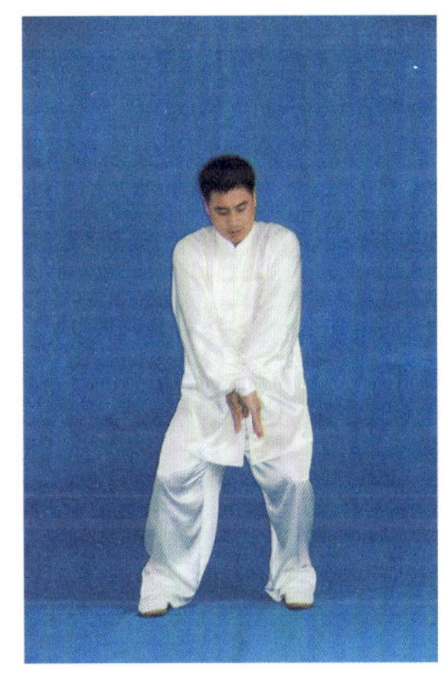

口诀：收腹，下沉，含胸，双臂内旋。

定式要求：身体与脚尖方向一致；双手空间位置不变，掌心相对。

口诀：双手继续内旋，人下沉，双肘上提。

定式要求：身体与脚尖方向一致；双手于胸前，双肘比肩高。

口诀：前倾，双手外旋翻掌。

定式要求：身体与脚尖方向一致；双手腕相交，掌心斜向上 45°。

口诀：下沉，双手里合提右腿。

定式要求：身体与左脚尖方向一致；双手指贴双肩前。

口诀：右脚跟用力向右蹬出，同时双手向两侧打开。

口诀：下沉，收右脚点地。

定式要求：身体与左脚尖方向一致；右脚踮于左脚旁；双手腕与肩同高；掌心向两侧。

5.1.15 左蹬一跟

口诀：右转，左手向右划弧。

定式要求：身体右前与左脚尖成45°；左手于身体中线；右手于右脚前上方；双手掌心斜向下45°与肩同高。

口诀：下沉，左转，带双手向左下划弧，左手外旋，右手内旋。

定式要求：身体左前与左脚尖内成22.5°；左手掌心与左脚尖方向一致贴于左大腿外侧；右手掌心向右，指尖向下于身体中线。

口诀：下沉，右手外旋，微右转，左手内旋。

定式要求：身体与左脚尖方向一致；右手腕贴于身体中线，掌心斜向上于左胯前；左手掌心向后，手臂斜向下30°。

口诀：人微起来，带双手向上。

定式要求：身体左前与左脚尖内成22.5°；左手掌心向后与肩同高；右手大臂不动，小臂与地面平行，掌心向上，指尖与左脚尖成45°。

口诀：下沉，翻左手掌心向上。

定式要求：身体左前与左脚尖内成22.5°；左手掌心向上。

口诀:下沉，左小臂上抬，摆右脚，微右转。同时，右手外摆、左手合于左耳旁。

定式要求：身体方向与左脚尖成45°；右脚尖与左脚尖成90°；右小臂平行于地面与左脚方向成45°。左手掌心方向与身体方向一致。

口诀：左掌下落，左掌根贴于右手腕。

定式要求：身体方向与左脚尖成 45°；右脚尖与左脚尖成 90°；右小臂平行于地面与左脚方向成 45°。左掌跟贴于右手腕，左掌跟贴于右手腕。

口诀：左手推右手，身体右转，摆右脚尖，移重心到右腿。

定式要求：重心在右腿；右脚尖与左脚尖成 135°；身体与左脚尖成 90°；右手掌心与左脚尖方向一致于右大腿内侧；左掌根贴于右手腕。

口诀：下沉，右转，提左腿上步点于右腿旁，右脚跟内收。

定式要求：右脚尖正前方；左脚与右脚平行与肩同宽；身体方向与右脚尖方向一致；双手与身体位置不变。

口诀:收腹，下沉，含胸，双臂内旋。

定式要求：身体方向与右脚尖方向一致；双手与身体的空间位置不变，掌心相对。

口诀：双手继续内旋，人下沉，双肘上提。

定式要求：身体方向与右脚尖方向一致；双手于胸前，双肘比肩高。

口诀：前倾，双手外旋翻掌。

定式要求：身体方向与右脚尖方向一致；双手腕相交，掌心斜向上 45°。

口诀：下沉，带双手下落。
定式要求：身体方向与右脚尖方向一致；双手掌心斜向上于腹前。

口诀：收腹，下沉，含胸，双臂内旋。
定式要求：身体方向与右脚尖方向一致；双手与身体的空间位置不变，掌心相对。

口诀：双手继续内旋，人下沉，双肘上提。
定式要求：身体方向与右脚尖方向一致；双手于胸前，双肘比肩高。

口诀：前倾，双手外旋翻掌。
定式要求：身体方向与右脚尖方向一致；双手腕相交，掌心斜向上45°。

口诀：下沉，双手里合，提左腿。

定式要求：身体方向与右脚尖方向一致；双手指贴双肩前。

口诀：左脚跟用力向左蹬出，同时双手向两侧打开。

5.1.16 左右野马分鬃

口诀：下沉，收左脚点地。

定式要求：身体方向与右脚尖方向一致；左脚踮于右脚旁；双腕与肩同高。

口诀：下沉，双手内收于双跨前。

定式要求：身体方向与右脚尖方向一致；双手贴大腿；双手指尖与双膝方向一致。

口诀：收腹下沉，两手内旋，含胸，两肘打开。

定式要求：身体方向与右脚尖方向一致；双手指腹贴大腿内侧，指尖斜向下。

口诀:微右转，左手下穿，右手上提。

定式要求：身体方向与右脚尖外侧成22.5°；右手掌心向右，指尖向前与肩同高于右脚外侧上方；左手虎口位于左膝上方。

口诀：下沉，左手下穿上提，右转，移重心到左腿，同时右手向后抽。

定式要求：身体右前与右大腿方向一致；重心在左脚；右手小臂与地面平行，掌心向右，指尖向前与肩同高；左手臂斜向下45°于左脚前上方。

口诀：下沉，右手外推，继续下沉，双手外旋，松肩，松肘，翻掌。

定式要求：身体右前与左脚尖成45°；重心在左脚；右手掌心向上，高度不变于身体右侧；左手掌心向下于左腿前上方。

口诀：收右胯，下沉，带右手臂内旋至掌心向前。

定式要求：身体右前与左脚尖成45°；重心在左脚；右手掌心向前，高度不变；左手掌心向下于左腿前上方。

口诀：下沉，微左转，收右腿，右手下落；左小臂内收。

定式要求：身体右前与左脚尖成22.5°；右手掌心向前于右膝外侧，左手指尖朝右前方45°。

口诀：下沉，开胸，右手微外旋，左小臂内收。

定式要求：身体右前与左脚尖成45°；左手指尖向右；右手掌心右前方45°。

口诀：下沉，提右腿向右铲出，双手合于右膝内侧。

定式要求：身体与右脚尖方向一致；右手指尖与右脚尖方向一致；双手十字纹相合成 90°。

口诀：下沉，左转，移重心到右腿、左脚跟内收，带两手于左胯前。

定式要求：双脚尖外摆 45°；身体与左大腿方向一致。右手指方向与左大腿平行，双手十字纹相合成 90°。

口诀：下沉，微右转，左手内旋外撑，右手臂外旋，双手拉开，下沉。

定式要求：身体正前与左脚尖成 45°；右手于右腿外侧，掌心平向上，略高于肩，肘沉；左手于左膝前上方 15 cm，掌心斜向下，指尖向前。

口诀:下沉，微左转，翻左手掌心向上。

定式要求：身体左前与左脚尖成 22.5°；右手位置不变；左手掌心向上，前两节指节过膝盖。

口诀：下沉，微右转，含胸，双手内旋翻掌，继续右转，左手找右手。

定式要求：身体与右大腿方向一致；右手位于右膝内侧上方，指尖与右大腿方向一致；左手位于身体中线，指尖与右脚尖方向一致。

口诀：下沉，带双手下落。

定式要求：身体与右脚尖方向一致；右手位于右膝内侧，指尖与右大腿方向一致；左手位于身体中线，指尖与右脚尖方向一致。

口诀：微右转，左手内旋，移重心到左腿。

定式要求：身体与右大腿方向一致；左手位于身体中线，指尖向右后与右脚尖成 90°；右手贴右膝内侧，指尖向右。

口诀：下沉，微右转，翻右手掌心向前。

定式要求：身体正前与左脚尖成 45°；左手虎口贴于左膝内侧，掌心左前方，指尖垂直向下；右手位于身体中线，掌心向前。

口诀：上下对开，左手松肩、松肘，双手翻掌至掌心相对。

定式要求：身体正前与左脚尖成 45°；右手掌根于身体中线，左肘于左前腰间，双手大臂自然贴身体，双手掌心相对，指尖左前方。

口诀：下沉，左转，身体回正，带双手向左。

定式要求：身体正前与左脚尖成 45°；左手虎口于左膝内侧，掌心向左、指尖向下；右手于身体中线，掌心向左，指尖向下 45° 。

口诀：上下对开，双手向左前方掤出。

定式要求：身体正前与左脚尖成 45°；左手于左膝内侧上方，掌心左前方；右手掌心向上，小臂内侧及手掌外沿于身体中线。

口诀：下沉，摆右脚尖，双手翻掌，右转。

定式要求：身体右前与左脚尖成 90°；右脚尖向右后与左脚尖成 150°；右手掌于身体中线，掌心向外；左手于左胯前上方，掌心向上。双手指尖向前与左脚尖成 45° 。

口诀：继续右转，移重心到右腿，左脚跟外摆。

定式要求：右脚尖在原起势方向的正后方；身体方向与右脚尖成45°；右手指尖于身体中线在右脚尖上方，掌心与右脚尖方向一致；左手与左腿成一直线，掌心向上，指尖向左；左脚掌跐起。

口诀：提左腿上步，左脚点于右脚旁，双手掤于右前方。

定式要求：双脚尖正前方，双脚间距小于肩距；身体正前与脚尖方向一致；右手指尖于右膝外侧上方，掌心右前方45°；左手小臂内侧于身体中线。

口诀：下沉，右转，左手向右里合，提左腿向左铲出，右手外推。

定式要求：右脚尖正前方；身体与右大腿方向一致；右手于右膝右侧上方，掌心向右；左手掌心向上于右腋下10 cm左右。

口诀：下沉，摆右脚尖，右转，移重心至左腿，左手外旋下落于右胯前。

定式要求：双脚尖外摆45°；身体右前与右脚尖方向一致；右手臂斜向下45°于右膝内侧，掌心斜向下45°，指尖向前；左手于右胯前，手指与大腿方向一致。

口诀：下沉，微左转，左手臂外旋，双手拉开，下沉。

定式要求：身体正前与左脚尖成45°；左手于左腿外侧，掌心平向上，略高于肩，肘沉；右手于右膝前上方15 cm，掌心斜向下，指尖向前。

5.1.17 玉女穿梭

口诀：下沉，身体微右转，左小臂内旋、右手外旋，身体回正，右手翻掌向上、左手立于胸前。

定式要求：身体正前方与左脚尖成45°；左手立掌于胸前离身体30 cm，左手指尖高于下巴，左肘略低于左腕，掌心于身体中线；右掌于右膝上方，掌心向上。

口诀：继续下沉，带左手下落。

定式要求：身体正前方与左脚尖成45°；左手位于身体中线，左小臂与地面平行；右手不变。

口诀：左转，摆左脚尖，左手内旋下落，右脚跟外摆，右手内旋翻掌。

定式要求：左脚尖向左；右脚尖与左脚尖成45°；身体与左脚尖成45°；左手虎口贴左膝内侧，右手贴右大腿后方，掌心向后。

口诀：下沉，左转，摆左脚尖45°，提右腿上步，带右手向前于右胯前，左手落于左大腿内侧。

定式要求：右脚尖朝正前方，左脚尖朝左前45°；身体与左脚尖方向一致；右手虎口贴于右胯前，左手虎口贴于左大腿中间内侧；双手腕不折腕。

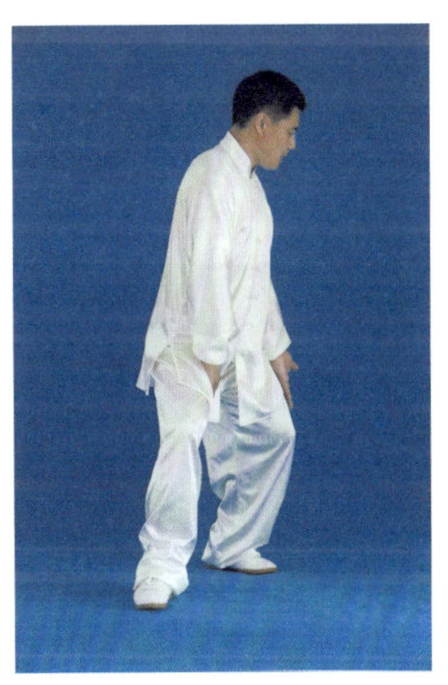

口诀：下沉，右手下落，左转，翻左手掌心向前。

定式要求：右脚尖正前方；身体向左与右脚尖成90°；左手小指外沿贴于大腿外侧，掌心与身体方向一致；右手掌心向右与右脚尖成90°。

口诀：右转，双手向左、向上、向前划弧，双手立于胸前。

定式要求：身体与左脚尖成22.5°；右手于右脚前上方；左手于左胸前上方；双手掌心与右脚尖方向一致，指尖向上。

口诀：下沉，右掌前推，收左掌落于左胸前。

定式要求：身体与左脚尖方向一致；左肘向下。

口诀：下沉，移重心到右腿。

定式要求：身体与左脚尖方向一致；右手空间位置不变；左手不动。

口诀：提左脚上步，推左掌，身体回正，右肘向右击出。

定式要求：双脚尖正前方；身体与脚尖方向一致；左掌立掌，与肩同高；右掌平向下于右胸前。

口诀：提右脚向左脚后方插步，身体右转，以左脚跟为轴转身，右手变抽，左手下落。

定式要求：左脚尖朝正前方；身体朝右前与左脚尖成45°；右手掌心向右，指尖与左脚尖一致于右胸前。左手掌心向下，指尖与左脚尖方向一致于左脚前上方。

口诀：下沉，身体右转，右手向后抽。

定式要求：身体与右大腿方向一致；右手掌心向右于右胸前；左手位置不变。

5.1.18 金刚捣碓

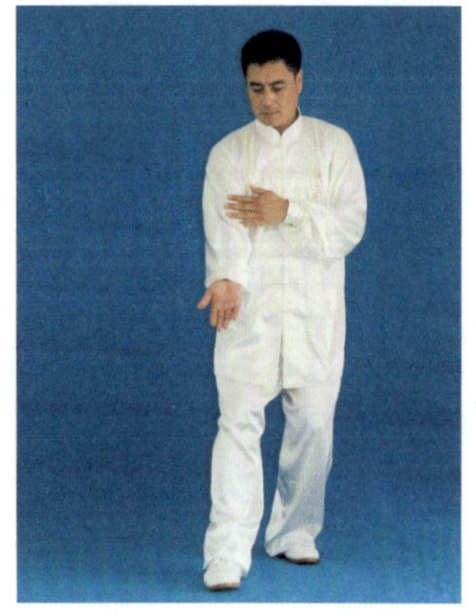

口诀：下沉，身体左转，右手向右后方推掌。外旋，松肩、松肘、至掌心向前划弧贴于右大腿外侧，提右脚上步，带右手向前，左手合于右大臂下方。

定式要求：左脚尖正前方；身体与左脚尖方向一致；右手臂斜向下45°于右脚上方；左手指贴于右大臂下方，指尖向右。

口诀：下沉，右小臂向上抬。

定式要求：身体正前与左脚尖方向一致；右小臂斜向上45°；左手不变。

口诀：微前倾，左手贴身翻掌，右手微里合。

定式要求：身体正前与左脚尖方向一致；右小臂垂直于地面，左手空间位置不变，掌心向上，手指贴右手肘关节。

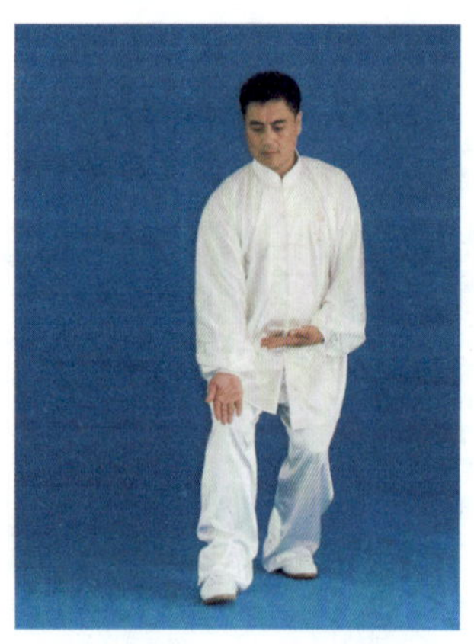

口诀：下沉，双手放松下落，收右脚。

定式要求：身体朝正前方；右手掌背贴于右膝，指尖与膝平；左手掌心平向上于腹前。

口诀：提右膝，右手由掌变拳上提。

定式要求：身体左前与左脚尖成22.5°；右肘与右膝合，右拳背与左脚尖方向一致；右脚自然下垂；左手位置不变。

口诀：震脚砸拳。

定式要求：身体与脚尖方向一致，双脚平行与肩同宽；重心在中间；右拳背贴左掌心，拳心掌心向上。

5.1.19 收势

口诀：人下沉，双手向身体两侧拉开，掌心相对。

口诀：人起来，双手向两侧拉至肩平，掌心向下。

口诀：人下沉，双手翻掌心向上，划弧至头顶，掌心相对。

口诀：继续下沉，松肩，松肘，开胸，两肘向两侧打开，双手指尖相对至胸前。

口诀：继续下沉带双手下按，人起来，双手继续向下按至腹前。

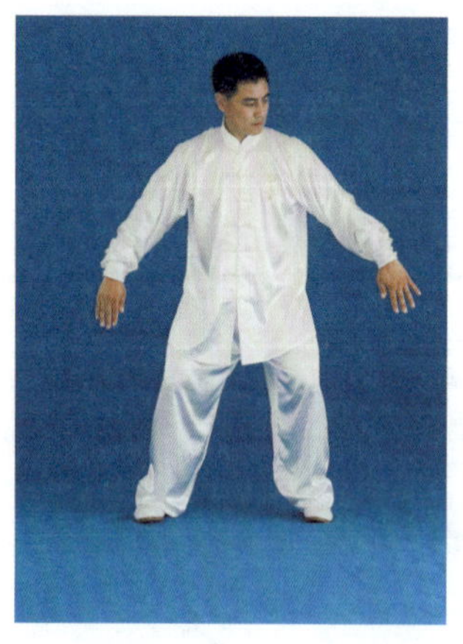

口诀：收腹，下沉，双手下落至掌心向里，胸腔膨胀，双手向两侧拉开。

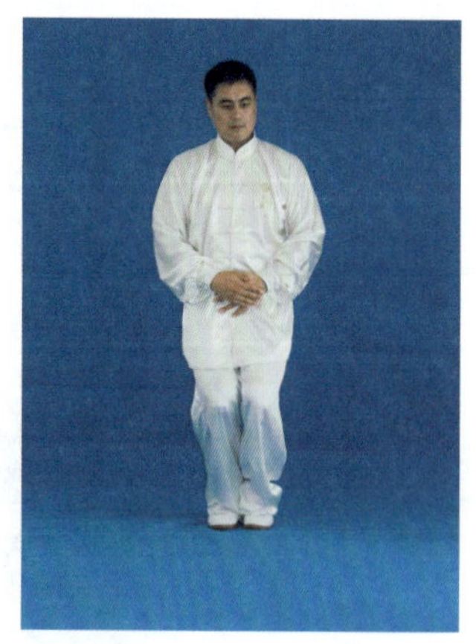

口诀：移重心到右腿，下沉，含胸，双手向前划弧，收左脚，放松，两手慢慢收拢至小腹部。

口诀：人慢慢站起来，双手自然回于身体两侧，放松。

5.2 三十八式线路口诀和定式要求

5.2.1 起势

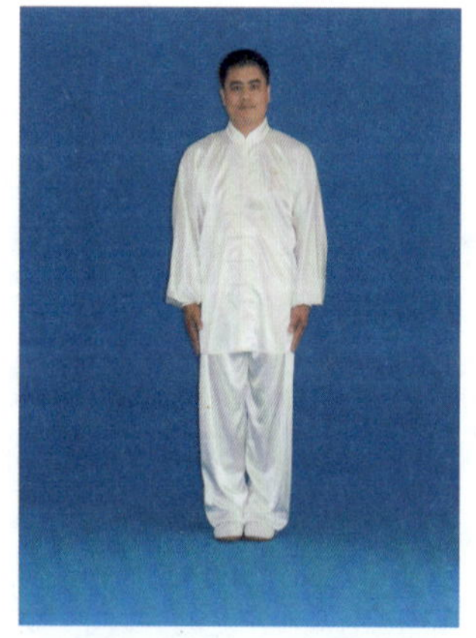

口诀：双腿并立，双手放在双腿两侧。

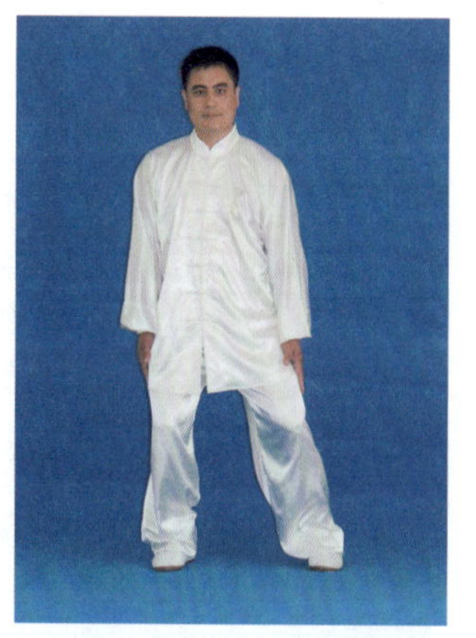

口诀：重心到右腿，右腿慢慢往下沉；左腿左膝领劲慢慢往上提，向左横开一步，点地，踏实。

定式要求：右脚、膝、胯一直线。

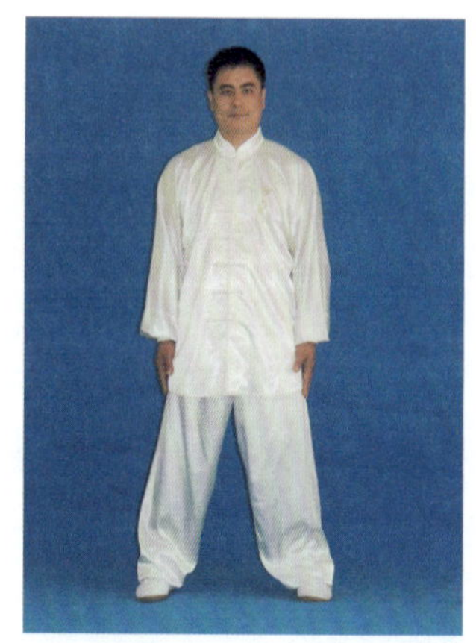

口诀：右脚慢慢站立，移重心到中间。

定式要求：双脚平行，与肩同宽；双手于双腿两侧。

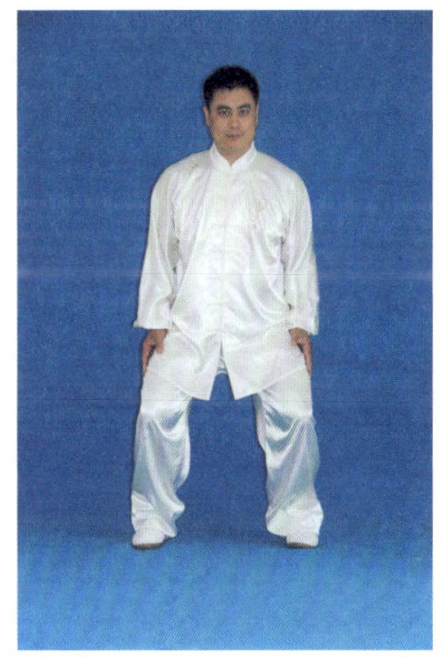

口诀：收腹，下沉，胸腔膨胀。

定式要求：大腿与地面成 135°，中指位置不变。

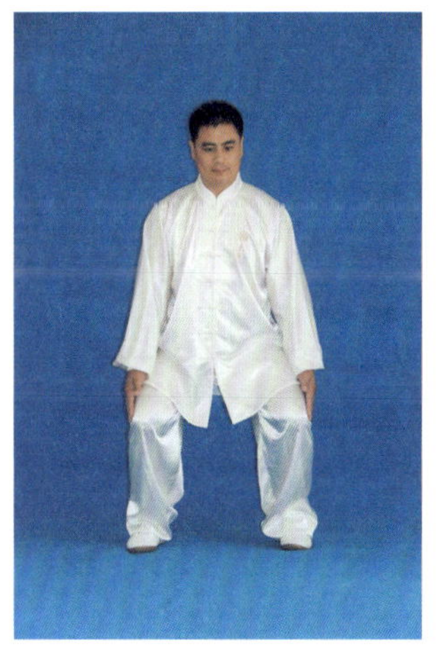

口诀：继续下沉，带双手下落于双膝外侧。

定式要求：双手手指方向与大腿平行，指尖与膝盖平。

口诀：收腹，下沉，含胸，带双臂内旋。

定式要求：掌背向前，指尖与膝平。

口诀：继续下沉，松肩，松肘。

定式要求：手指位置不变。

口诀：双手下穿。

定式要求：指根贴于膝盖，指尖垂直地面。

口诀：收腹，下沉，胸腔膨胀，带双手在身体前方慢慢上提。

定式要求：双手打开，与肩同宽，与肩同高，掌心向下。

口诀：双肩向后，下沉，继续下沉，松肩，松肘。

定式要求：双手掌心向前，大臂自然下垂，双肘与身体在同一平面。

口诀：微前倾。

定式要求：双手与身体的空间位置不变。

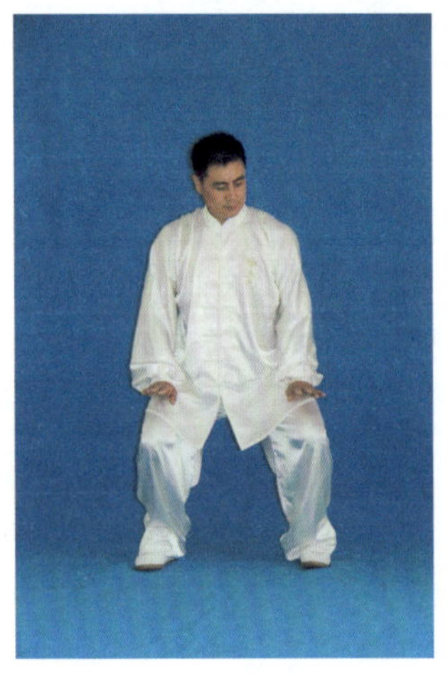

口诀：下沉，带双手下落，身体回正。

定式要求：双手掌根贴于大腿前中间，指尖向前，掌心向下。

5.2.2 金刚捣碓

口诀：收腹，下沉，双手下落，含胸，左手臂内旋，右手外旋向左划弧。

定式要求：身体与脚尖方向一致。右手掌心向左前45°，指尖向下于身体中线；左手掌心向左于左膝内侧上方。

口诀：下沉，微右转，双手翻掌。

定式要求：身体微右前方（左肩向前）。左手掌心左前45°于左膝内侧上方；右手掌心向前于身体中线。

口诀：下沉，微左转移重心到右腿，双手向左方掤出。

定式要求：身体与脚尖方向一致；重心在右腿。右肘及小臂内侧于身体中线，右小臂微斜向上；左手掌心左前45°，小臂正前，于左膝内侧前上方。

口诀：上下对开，左手松肩、松肘，右小臂上抬，双手翻掌。

定式要求：身体与脚尖方向一致。双手空间位置不变；右手小臂左前45°，指尖正前方；左手指尖微左前方于左脚前上方。

口诀：微右转，移重心到左腿，双手继续翻掌向右划弧。

定式要求：身体与脚尖方向一致；重心在左腿。左肘于身体中线，左小臂微斜向上；右手掌心右前45°，小臂向前，于右膝内侧前上方。

口诀：下沉，右转，摆右脚尖。

定式要求：身体右前与左脚尖成45°，左腿胯、膝、脚三点垂直于地面。左手掌沿于身体中线，手臂与左脚尖成45°，右手指尖和左脚尖同一方向于右脚上方。

口诀：收腹，下沉，胸腔膨胀，两手微内收。

定式要求：双手在原来与身体的空间位置上微内收。

口诀：含胸，双肘微打开。

定式要求：身体于右脚尖成22.5°。左手指尖与右脚尖方向一致，左肘微打开；右手掌心方向与右脚尖方向一致于右脚掌上方。

口诀：下沉，后背放松。

定式要求：身体与左脚尖成45°。左手掌沿于身体中线，左小臂微斜向上；右手掌心与右脚尖方向一致，于右膝内侧前上方。

口诀：下沉，上身前倾，双手微内收。

定式要求：身体与右脚尖成 22.5°。左手指尖与右脚尖方向一致，与左脚掌同一平面于右脚内侧上方；右手掌心与右脚尖方向一致于右脚尖前上方。

口诀：下沉，移重心到右腿，双手前推。

定式要求：双手在上图中与身体的空间位置不变，微前推。

口诀：继续下沉，收左腿，双手前推与身体对开。

定式要求：身体左前与右脚尖成 22.5°，左脚尖左前与右脚尖方向成 45°，踮于右脚旁（低于右脚半个脚掌）。左手小臂向前与右脚尖方向一致于左胯前上方；右手于右脚尖前上方，掌心与右脚尖方向一致。

口诀：收右胯，手与身体对开，收左腿。

定式要求：身体与右脚尖方向一致，右手掌心与右脚尖方向一致于右膝外侧上方；左手小臂与左大腿方向一致。

口诀：下沉，提左腿向左后 45°铲出。

定式要求：身体右前与右脚尖方向内成 22.5°，双脚尖成 90° 。右掌心向外在右膝内侧上方；左手掌心向上，小臂内侧及手掌外沿于身体中线。

口诀：上下对开，左小臂上抬。

定式要求：身体右前与右脚尖方向内成 22.5°，左小臂斜向上 45°。

口诀：右转，右手向后抽，左手内旋。

定式要求：身体与右大腿方向一致。右手于右大腿外侧与肘、肩平，右小臂与指尖与右脚尖方向一致；左手掌斜向上45°，指尖右前45°；肘沉于身体中线。

口诀：下沉，左手内旋、右手外旋前推翻掌向下。

定式要求：身体与右大腿方向一致。右手指尖与右大腿方向一致于右大腿外侧；左小臂、指尖与双脚连线方向平行于右膝内侧上方；双手掌心向下。

口诀：下沉，带双手下按。

定式要求：身体与右脚尖方向一致。右手指尖与大腿方向一致，于右膝上方；左手指尖向右贴右大腿内侧，拇指于大腿中间。

口诀：微右转，移重心到左腿，身体左转，至身体回正时放松下沉，翻右手掌心向上。

定式要求：身体回正与左脚尖成45°。左肘关节成90°，左小臂与身体成90°与地面平行，掌心向下，掌指关节微曲，指尖斜下，左大臂贴身体；右手掌心向上于右大腿上。

口诀：收腹下沉，含胸，双肘打开。

定式要求：身体与左脚尖成45°。右手小指背贴大腿，指尖与右脚尖成45°；左手掌心向下，指尖不超过身体中线。

口诀：双手向两侧打开。

定式要求：身体与左脚尖成45°。左手掌心平向下，指尖与左脚尖方向成22.5°于左脚前上方；右手于右大腿外侧，掌心向上，右手臂与右脚尖方向成45°，指尖与右大腿方向一致。

口诀：后背放松，双手继续向两侧打开。

定式要求：身体与左脚尖成 45°。左掌心向下，指尖与左脚尖方向一致；右掌心向上，指尖与右脚尖方向成 45°。

口诀：下沉，左转，右手内旋至右手掌心向前，下落于右大腿外侧，左手微内收。

定式要求：身体与左脚尖成 22.5°。左手指尖与左脚尖成 45°；右手掌心与左脚尖方向一致于右大腿外侧。

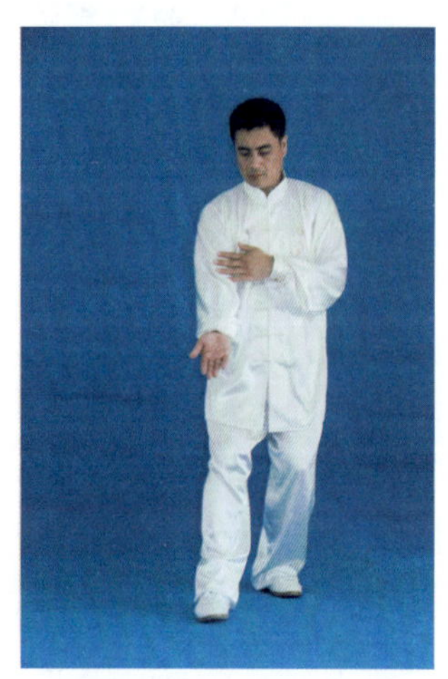

口诀：提右腿上步，带右手向前，左手合于右大臂下方。

定式要求：左脚尖正前方；身体与左脚尖方向一致。右手臂斜向下 45° 于右脚上方；左手指贴于右大臂下方，指尖向右。

口诀：下沉，右小臂向上抬。

定式要求：身体正前与左脚尖方向一致。右小臂斜向上 45°；左手不变。

口诀：微前倾左手贴身翻掌，右手微里合。

定式要求：身体正前与左脚尖方向一致。右小臂垂直于地面；左手空间位置不变，掌心向上，手指贴右手肘关节。

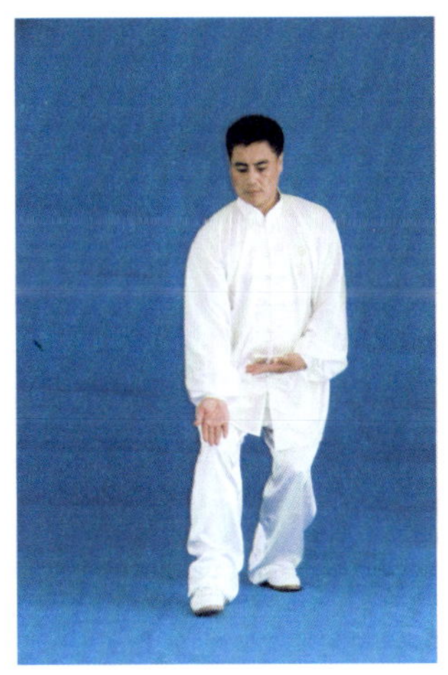

口诀：下沉，双手放松下落，收右脚。

定式要求：身体正前方；右手掌背贴于右膝，指尖与膝平；左手掌心平向上于腹前。

口诀：提右膝，右手由掌变拳上提。

定式要求：身体左前与左脚尖成22.5°。肘与右膝合，右拳背与左脚尖方向一致；右脚自然下垂；左手位置不变。

口诀：震脚砸拳。

定式要求：身体与脚尖方向一致，双脚平行与肩同宽；重心在中间。右拳背贴左掌心，拳心掌心向上。

5.2.3 白鹤亮翅

收腹下沉，含胸，双肘掤出。

定式要求：身体与脚尖方向一致，双脚平行与肩同宽。右拳背贴左掌心于腹前；左手掌心平向上，指尖向右；双肘略出。

口诀：双肘里合，右转移重心到左腿，双手向右前方掤出。

定式要求：身体右前与左脚尖成45°。左小臂正右方，左掌心平向上，手指方向和身体同一平面；右小臂正前方，右拳心平向上，右拳背贴左掌心；双手于右脚内侧上方。

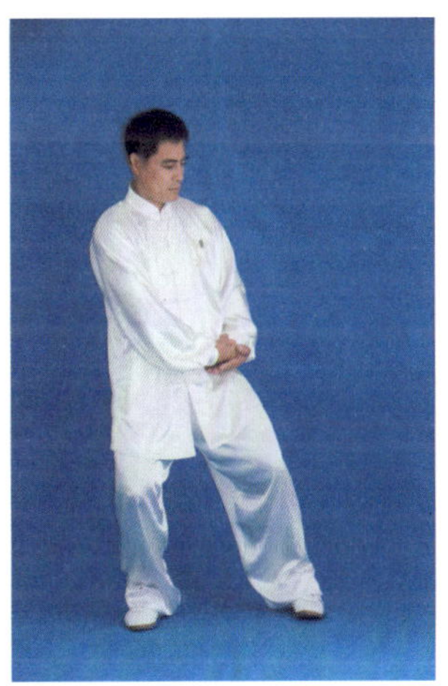

口诀：双肘继续里合，下沉，左转，移重心到右腿，双手下落贴于左胯前。

定式要求：身体左前与左脚尖成45°；重心在右腿。左手指尖向前，掌心平向上；右拳面向后，右拳心平向上，拳背贴左掌心。

口诀：收右胯，含胸，双肘向外旋出。

定式要求：身体左前与左脚尖成 22.5°。左手贴身体；右手不变。

口诀：双臂内旋，人下沉，右肘向上提，左掌心向内，贴大腿下穿。

定式要求：身体与脚尖方向一致。右拳眼贴身体中线；左手指尖斜向下贴大腿内侧。

口诀：下沉，右转移重心到左腿，右拳外推。

定式要求：身体右前与右脚尖成 22.5°；重心在左腿。右拳心向右与肩同高于右脚外侧上方；左手指尖斜向下贴大腿内侧。

口诀：微左转，左掌往左下方穿掌，同时右手臂外旋。

定式要求：身体与脚尖方向一致。右拳高度不变，拳心向左；左手掌心向后，手臂与指尖左下 45°。

口诀：右转，左臂外旋向右划弧，右手继续外旋。

定式要求：身体右前与左脚尖成 45°；重心在左腿。右拳于右大腿上方，拳心对着自己的脸；左手掌心斜向下于左大腿外侧，小臂与指尖左前 45°，左手腕与肩同高。

口诀：左转，身体回正，带右拳向左，双手相合，下沉。

定式要求：身体与脚尖方向一致。左手掌心向右，小臂与指尖斜向上 45°，小臂与大臂成 90°；右手掌心向内，小指贴左肘关节，肘下落；双手合于左腿外侧上方。

口诀：继续下沉，穿右掌，左掌笔直下落，左转移重心到右腿。

定式要求：身体左前与右脚尖成45°；重心在右腿。右手掌心向内与脸相对于左大腿上方；左手掌心向右于大腿中间上方；双手（右手外沿与左手指尖）一直线。

口诀：人下沉，双手翻掌，微右转，身体回正。

定式要求：身体与右脚尖方向一致。右手掌心向外指尖向左于身体中线；左手小指外沿位置不变，翻掌。

口诀：下沉，左手松肩、松肘，右手外推，左转摆左脚尖，左手下落。

定式要求：左脚尖与右脚尖成135°；身体与右脚尖成45°。左手指贴于左膝内侧，右手于右脚前上方。

口诀：下沉，微左转，移重心到左腿，左手上提，双手外旋划弧，右手下落，提右脚上步。

定式要求：左脚位置不变；身体右前与左脚尖成22.5°。右手掌心向前于右膝外侧，左手指尖右前方45°。

口诀：下沉，开胸，右手微外旋，左小臂内收。

定式要求：身体右前与左脚尖成45°。左手指尖与身体平行；右手掌心右前方45°。

口诀：下沉，提右腿向右铲出，双手合于右膝内侧。

定式要求：身体与右脚尖方向一致。右手指尖与右脚尖方向一致；双手十字纹相合成 90°。

口诀：下沉，左转，移重心到右腿左脚跟内收，带双手于左胯前。

定式要求：双脚尖外摆 45°；身体与左脚尖方向一致。右手掌方向与左大腿平行，双手十字纹相合成 90°。

口诀：上下对开，收右小臂同时左肘微下落。

定式要求：身体与左脚尖方向一致。右小臂斜向上 45°，手掌外沿于身体中线；左手肘下落。

口诀：下沉，微右转，右手内旋翻掌。

定式要求：身体与左脚尖内成 22.5°。双手于左胯前上方，掌心向下，指尖与身体平行。

口诀：下沉，右转，双手一上一下拉开，提左腿上步。

定式要求：重心在右腿；双脚尖正前方；身体右前与左脚尖成 22.5°。左手大鱼际贴左大腿外侧，指尖与膝平，手掌与大腿平行；右手于右大腿外侧上方，掌心右前方。

5.2.4 上三步

口诀：下沉，微右转，右手下落，左手前穿。

定式要求：身体右前与左脚尖成45°。右手于右胯外侧；左手掌心于左膝上方双手掌心平向下，指尖与脚尖方向一致。

口诀：下沉，右转，左手内旋右手外旋，移重心到左腿收右脚跟。

定式要求：身体与右大腿方向一致。右手掌心向右与右脚尖成90°，右手小指、无名指（小指外侧）贴大腿中线，两手指间距1 cm左右；左手贴于裆中线，掌心向左，手掌垂直向下，手指打开。

口诀：下沉，微右转，左手内旋，右手外旋向右、向上划弧，下沉。

定式要求：左脚尖向左与右脚尖成45°；身体与右脚尖方向成67.5°。左手掌心向右前，中指指尖贴右肩窝；右手掌心向上，与肩同高，沉肘，指尖向右与左脚尖成180°。

口诀：收左胯，下沉，身体微左倾。

定式要求：身体与右脚尖成67.5°。右手臂斜向上45°，掌心斜向上；左手位置不变。

口诀：继续下沉，双手向上穿。

定式要求：身体与右脚尖成67.5°，双手斜向上。

口诀：左转，提右腿上步，带双手向上、向前，下沉，双手下落。

定式要求：右脚尖正前方，左脚尖左前45°；身体与左脚尖成22.5°。双手掌心平向下，指尖与右脚尖方向一致；左掌根贴于胯下四指；右掌根贴于右膝髌上三指。

5.2.5 斜行

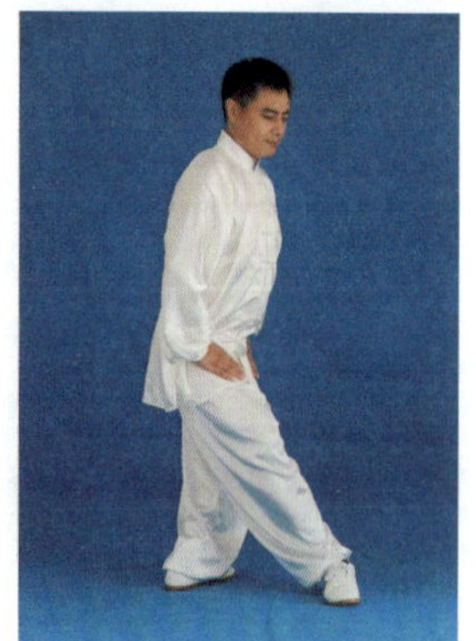

口诀：收腹下沉，双手下落贴大腿，胸腔膨胀，带双手向上提至掌跟，贴于双胯前，下沉，微含胸，两肘向身体两侧打开同时摆右脚尖。

定式要求：身体右前与右脚尖成45°。双手大鱼际贴大腿根部，双手指尖斜向下45°于胯前；右脚尖外摆与左脚尖成135°。

口诀：右转，前倾，移重心到右腿。

定式要求：身体与右脚尖成45°。双手指尖斜向下45°于胯前。

口诀：下沉，收左，同时两手放松下落于两膝前。

定式要求：身体与右脚尖成45°。左脚点于右脚后半个脚；双手指根贴双膝前，指尖向下。

口诀：身体微站起，左转，左手外旋，右手内旋。

定式要求：身体左前与右脚尖成45°。左手掌心向外，位于左大腿外侧；右手掌心向右于身体中心线。

口诀：下沉，右转，两手向左上划弧，同时提左腿。

定式要求：右手掌心向前与右脚尖成45°，指尖向左于左膝内侧前上方；左手掌心向上指尖正左于左大腿外侧。

口诀：下沉，提左腿向左侧45°铲出，双手掤于右前方。

定式要求：右脚尖正前方（起势方向），身体方向与右脚尖内成22.5°。左脚方向与右脚尖成90°；右手掌心右前方于右膝内侧上方；左手掌心向上，手掌外沿于身体中线。

口诀:上下对开，微右转，翻掌。

定式要求：身体与右脚尖方向一致。右手掌心向上于右大腿外侧，平行于右大腿，左手掌心向下，指尖对右手于右膝内侧上方。

口诀：下沉，右小臂微里收，左手向下按。

定式要求：身体与右脚尖方向一致。右小臂斜向上45°，指尖与右大腿方向一致于右大腿外侧；左手掌心向下，指尖方向平行于两脚平面于右膝内侧。

口诀：收腹，下沉，右掌微前穿，左转带左手于左膝内侧。

定式要求：身体与右脚尖成45°。左手掌心平向下，指尖与左膝平贴于左膝内侧；右手平行于两脚平面于右膝外侧。

口诀：下沉，左手内旋至指尖向里，移重心到左腿，右手内收，左手前移至掌根贴左膝内侧。

定式要求：身体与右脚尖方向一致。左手大鱼际贴左膝内侧，掌心平向下，指尖向右脚；右手小臂垂直于地面，掌心与右耳相对。

口诀：下沉，左手松肩、松肘，左转，左手沿左膝盖绕圈，右手向身体中线划弧。

定式要求：身体与左脚尖方向一致。右手指贴右脸颊，右手掌竖掌于身体中线；左手掌心平向下，指尖与膝平。

口诀：下沉，左手变勾手，身体回正，同时右手推至左肩前。

定式要求：身体方向与左脚尖成 45°。右手臂贴身体；大拇指贴左肩窝处，掌心向左，指尖向上；左手为勾手，拇指贴左膝外侧。

口诀：收右胯，下沉，含胸，双手内旋。

定式要求：身体方向与左脚尖成 45°。右手掌心与左脚尖方向一致，与左肩平；左手位置不变。

口诀：上身回正，提左手，右手前推。

定式要求：身体方向与左脚尖方向一致。右手在身体中线，掌心与左脚尖方向一致；左手小臂与左大腿方向一致于左脚外侧上方。

口诀：下沉，右转，右手拉开，人下沉，右手臂外旋，松肩，松肘。

定式要求：身体方向与左脚尖成 45°。左手与身体一平面；右手掌心与右脚尖方向一致于右膝内侧上方。

5.2.6 初收

口诀：下沉，收腹，含胸，双手内旋，微右转，带左手至右手处，双手背相合。

定式要求：身体方向与右脚尖方向一致。右手于右胯前上方，双手指尖与右脚尖方向一致（双手背可贴）。

口诀：下沉，松肩，松肘。

定式要求：身体方向与右脚尖方向一致。双手与身体到的空间位置不变，掌心斜向下 45°。

口诀：双手继续外旋，微左转，双手下落同时胸腔膨胀。

定式要求：身体方向与左脚尖成 45°。双手贴双膝内侧，双手指尖指向双脚尖。

口诀：收腹下沉，含胸，两肘微打开。

定式要求：身体方向与左脚尖成 45°；双手指尖垂直向下，掌心相对。

口诀：继续下沉，双手向下插。

定式要求：身体方向与左脚尖成 45°；上身尽量正。双肘贴双膝内侧；双手指尖垂直向下，掌心相对。

口诀：含胸，双手变挖。

定式要求：身体方向与左脚尖成 45°；双手指尖相对，掌心平向上于身体中线。

口诀：人起来，带双手上提。

定式要求：身体方向与左脚尖成 45°；双手指尖相对，掌心平向上于肚脐上方。

口诀：下沉，左转（右肘里合），双手外旋，移重心到右腿。

定式要求：身体、双手指尖与左脚尖方向一致；双肘贴身体前，小臂与地面平行。

口诀：摆右脚跟，收左腿，双手下落。

定式要求：右脚右前 45°，左脚向前；身体与左脚尖方向一致，双手小臂斜向下 45°。

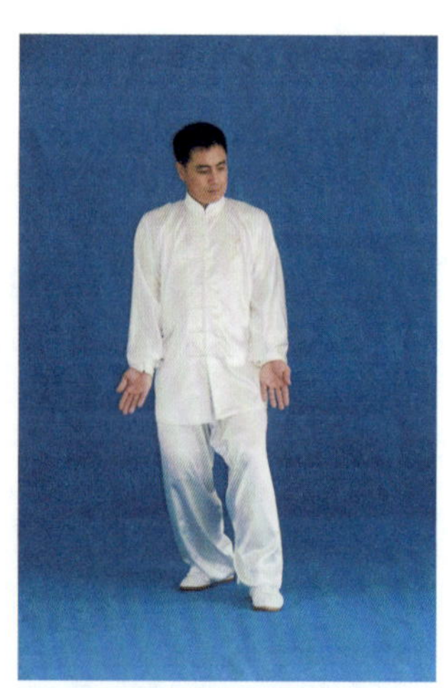

口诀：顶胯，双手下落。

定式要求：身体与左脚尖方向一致。双手掌心与左脚尖方向一致于双大腿外侧；左手贴大腿外侧，右肘贴身体。

口诀：收胯，微含胸，下沉，双手向上划弧。

定式要求：双手小臂与地面平行，掌心与左脚尖方向一致。

口诀：含胸，双手内旋合于双肩前。

定式要求：双手合于双肩前，手掌略高于肩，掌心斜向前下。

口诀：身体前倾，双手内旋，下落合于胸前。

定式要求：身体与左脚尖方向一致。双手掌心向身体；左手指尖垂直向下，右手指尖斜向左下；双肘高于肩。

口诀：提左腿，双手向下插。

定式要求：双手掌心向身体，指尖向下，双臂伸直。

5.2.7 前蹚拗步

口诀：左脚点地，双手上提到左前方 45°。

定式要求：右脚尖右前 45°，左脚尖向前与右脚尖成 45°，身体左前与左脚尖成 45°；双手指尖与身体方向一致，掌心斜向下略高于肩。

口诀：人下沉，双手向右下方落，同时收左腿，胸腔膨胀，右手臂外旋。

定式要求：双脚尖方向不变，身体与左脚尖方向一致。右手掌心贴右大腿外侧，指尖向下；左手掌根贴腹前，指尖向下。

口诀：下沉，微左转，左手内旋，右手外旋。

定式要求：双脚尖方向不变，身体方向位与左脚尖方向一致。右手掌心与左脚尖方向一致，手掌外沿贴大腿；左手掌心向左，指尖向下于身体中线。

口诀：下沉，右转，左手内旋，右手外旋，向右向上划弧。

定式要求：双脚尖方向不变，身体方向与右脚尖一致。左手中指贴右肩窝处掌心向外；右手掌心向上，指尖向右与右脚尖方向成 45°，与肩同高。

口诀：下沉，收左胯，左转，提左腿摆左脚尖。左手外旋外翻；右手里合内旋。

定式要求：右脚尖方向不变，左脚尖向左与右脚尖成 135°；身体向前与左脚尖成 90°。左手大臂贴身，小臂与地面平行掌心向上，指尖与身体方向一致；右手于右耳前，掌心斜向下。

口诀：收腹，下沉，微左转，右手搭于左手腕。

定式要求：身体向左前与右脚尖方向成 67.5°；右掌根贴左手腕，双手成 90°。

口诀：右手推左手，左转移重心到左腿。

定式要求：重心在左腿，右脚掌踮起，身体向左前与左脚尖外侧方向成22.5°；左手掌心向左，指尖向下于左腿外侧。

口诀：下沉，继续左转，左手外旋向左、向上、内旋向右划弧，同时收右腿。

定式要求：左脚尖方向不变，右脚踮于左脚后半个脚掌，身体与左脚尖方向一致。左手掌心向左，指尖与左脚尖方向一致于左脚前上方，小臂与地面平行；右手指尖贴于左手指根处。

口诀：人下沉，左手内旋，向上，右手外旋向右，提右腿。双手再向下划弧前伸，同时向后撤步。

定式要求：左脚尖方向不变；右脚尖与左脚尖成90°；身体与左脚尖方向一致。右大臂贴身，右手指尖方向与左大腿方向一致略斜向下，双手腕相合成90°。

口诀：上下对开，收右小臂。

定式要求：身体与左脚尖方向一致；右小臂斜向上45°，左手不变。

口诀：下沉，翻右掌。

定式要求：身体与左脚尖方向一致；右手掌心斜向下 45°，左手不变。

口诀：收腹，下沉，右手翻掌，左手推右手，至右手掌心向外。

定式要求：身体与左脚尖方向成 45°；右手掌心与身体方向一致，左手按于右手腕背处。

口诀：下沉，移重心到右腿，左手内旋外撑，身体右转，双手拉开，下沉双臂微外旋，人下沉。

定式要求：身体与左脚尖方向成 45°；双臂在双腿外侧上方，双掌打开，掌心向两侧，指尖向上。

5.2.8 掩手肱拳

口诀：下沉，微左转，双手外旋，双肘下沉。

定式要求：身体左前与左脚尖成 22.5°；双肘于双腿上方，双小臂斜向上 45°。

口诀：继续下沉，微右转，双肘继续下落，蹬右腿，双掌向斜上方穿掌。

定式要求：身体与右脚尖成 45°，双手于双脚上方。

口诀：下沉，双肘下落。

定式要求：身体正前与左脚尖成45°；双肘于双腿上方，双小臂斜向上45°。

口诀：蹬右腿，移重心到左脚，引身体向上，双手向上划弧，以左脚掌为支点右转90°，右手变拳，双手合于头顶上方。

定式要求：左掌向下，右拳向下，合于头顶上方。

口诀：震右脚，双手下按，左腿向左后45°撤步。

定式要求：身体与右脚尖成45°，右脚尖正前方，左脚尖与右脚成90°；双手于腹前。

口诀：下沉，右转，移重心到左腿。左转，右手外旋，左手内旋搓开。

定式要求：身体与左脚尖成45°；右拳心向上于右脚跟上方，左手掌心向外于右胸前。

口诀：收右胯，左手指领劲下旋，右拳里合。

定式要求：身体与右脚尖方向一致。左手手指向下，大臂向前；右拳拳心向下，小臂向前，与左大臂平行于右膝前上方。

口诀：身体前倾，左肘里合。

定式要求：右手与身体的位置角度不变，左肘斜向下45°。

口诀：身体回正，左手指领劲上旋至指尖向右，外旋前推与右拳相合。

定式要求：身体与右脚尖内侧成 22.5°；双手于右大腿里侧上方，手臂高度与地面成 45°。

口诀：收腹，下沉，胸腔膨胀，双手下落于右胯前。

定式要求：身体与右脚尖方向一致，双手于右胯上方。

口诀：下沉，含胸右转，左掌、右拳前后拉开

定式要求：身体与右大腿方向一致。左手掌心向左于裆中线；右拳位于右胯正后方，拳背向右。

口诀：下沉，右拳放松外旋，左手随身体下沉前穿。

定式要求：身体与右脚尖方向一致。右手小臂贴右胯后方，拳心向右；左手臂斜向下 45°于裆中线。

口诀：下沉，收右拳，左手外旋，松肩，松肘。

定式要求：身体与右脚尖成 22.5°。右小臂垂直于地面；左手掌心斜向下 45°，指尖与右脚尖方向一致。

口诀：下沉，左转，移重心到右腿，左手继续外旋。

定式要求：身体与右脚尖成 45°。左手指尖和身体同一方向；右拳于右胯前上方，小臂垂直地面，拳心向内。

口诀：继续左转，左手外旋里收，右拳下落。

定式要求：身体与左脚尖成22.5°。右拳心向上，小臂与地面平行于右胯上方；左手掌心斜向上45°，左小臂、右拳面与左脚尖方向一致。

口诀：收右胯，右转，右拳里收，左手外旋穿掌。

定式要求：身体与右脚尖成22.5°；左手与左脚尖成22.5°，右拳拳心向上于右腰间。

口诀：收左胯，微左倾，蹬右腿，移重心到左腿，左转，顶右胯，右拳内旋打出，同时左掌变拳，左肘向后击出。

定式要求：重心在左腿，身体与左大腿方向一致。右拳心向下，右拳面与左脚尖方向一致；左拳心向上于左腰间。

5.2.9 撇身拳

口诀：下沉，右手松肩、松肘，右转，右手外旋，左手内旋向右一上一下划弧。

定式要求：身体与右脚尖方向一致。右手于右膝上方，拳心向上；左拳面及小臂向右，拳心向下于右肩前。

口诀：下沉，左转，以右拳面为支点内旋，移重心到右腿。

定式要求：身体左前方与左脚尖成22.5°。右拳面贴右膝，拳背向前；左拳心向下于右肋处。

口诀：下沉，微左转，右拳上提、内旋、外摆，向左击出，左拳下落，身体下沉回正。

定式要求：身体正前与双脚尖成45°。左拳在腹前，拳背平向上，右拳心右前方于右胯前上方。

口诀：下沉，右手外旋，松肩、松肘，至右拳心向左。

定式要求：身体正前方。右拳略低于肩，拳心向左于右胯前上方；左拳位置不变。

口诀：右转，移重心到左腿，右手外旋。

定式要求：身体与右脚尖方向一致。左拳位置不变，肘出；右拳在身体中线于右膝内侧上方，小臂与地面平行，拳心向上。

口诀：下沉，左转，移重心到右腿，带右拳向左，左拳后拉。

定式要求：身体和左大腿方向一致。左拳心向下，拳眼贴左腰处；右小臂与左大腿方向一致于左胯前。

口诀：微右转，右手内旋，右肘上提，右手继续内旋，右转拉开，左肘里折。

定式要求：身体方向双肩与右脚尖方向一致。左拳撑在左腰间，手腕要撑直，小指无名指根节撑在胯骨上；右拳心向外于右胸前。

5.2.10 双推手

口诀：下沉，左手放松下落变掌，右手变掌外推身体回正，右手外旋松肩、松肘，左小臂上抬。

定式要求：身体与右脚尖成22.5°。右手小臂垂直于身体平行于地面；左手小臂平行于地面，掌心于身体中线，指尖对右掌心。

口诀：下沉，双手下落，左转，左手变刁手上提。

定式要求：身体方向与右脚尖方向成45°。右手贴右大腿上方，掌心与左脚尖方向一致；左手拇指与眼同高于左脚内侧上方。

口诀：下沉，左转摆左脚尖，左手上提，提右腿上步，右手划弧变托手。

定式要求：左脚尖外摆45°，右脚向前与左脚尖方向成45°，身体与左脚尖方向一致。左掌心向内于左脚尖上方，手的上沿与头同高；右肘与膝合，掌心平向上，略低于肩。

口诀：下沉，右脚向前跨一小步。

定式要求：身体与左脚尖方向一致，双手位置同前。

口诀：下沉，左手外旋松肩、松肘手掌外旋。

定式要求：身体与左脚尖方向一致。左手指尖向正前方与左脚尖成45°，右手与右脚尖方向一致，双手成90°；注意手打开时高度不变。

口诀：下沉，右手向前穿掌，左转，移重心到右腿，左手打开，同时左脚跟内勾。

定式要求：重心在右腿，身体正前与右脚尖成90°。右手指尖与右脚尖方向一致，左手于左大腿外侧，指尖向左，掌心向上与肩同高；左脚尖向前与右脚尖成90°。

口诀：收腹下沉，含胸、双手内旋至掌心向前，下沉，双小臂里收合于双耳旁。

定式要求：身体正前方；双手于双耳旁，双掌心斜向下。

口诀：双手内旋，身体右转。

定式要求：身体右前与右脚尖内成22.5°，掌心斜向下。

口诀：下沉，右转，双手继续内旋，向前推出，同时提左腿上步，人下沉。

定式要求：双脚尖正前方，身体与脚尖方向一致。双手掌心与身体方向一致，指尖向上；手臂与肩同高。

5.2.11 三换掌

口诀：人下沉，微右转，双手外旋，微左转，右手内旋，左手变搂同时右手内收。

定式要求：右手掌心向前于胸前中线，右肘与肩同高；左手掌心向内于左胯前上方与肩同高。

口诀：顶右胯，右手前推，左手外旋内收。

定式要求：身体左前与右脚尖成45°。左手腕贴于左胯骨，掌心向上，指尖向前；右手于裆前中线，掌心与右脚尖方向一致与肩同高。

口诀：下沉，左手指下落内旋上提向前击出同时收右小臂。

定式要求：身体与脚尖方向一致；左手掌外沿于膝内侧上方；右手于左腋下，掌心向下，指尖向左。

5.1.12 肘底锤

口诀：人下沉，左手下落，微左转，右肘合于身体正前方，下沉，微右转，双手内旋拉开。

定式要求：身体与脚尖方向一致。左手臂与掌心斜向下 45°；右手掌心右前方，略高于肩。

口诀：人下沉，收右小臂，右转，右手变抽，左手先内旋再外旋上提。

定式要求：身体与右脚尖外成 45°。左手于左脚内侧上方；右手掌心向外，指尖向前于右胯外侧上方，距右胸 30 cm 左右。

口诀：下沉，右手外推，身体左转，左小臂内收，右手松肩、松肘，变拳向左划弧，合于左肘下方。

定式要求：身体左前与右脚尖成 22.5° 。左小臂与地面垂直于左膝内侧上方；右小臂与地面平行，右拳眼合于左肘下方。

5.2.13 倒卷肱

口诀：下沉，左转，左手外旋翻掌。

定式要求：身体与右脚尖成 45°；左小臂与右脚尖成 45°，斜向上 45°。

口诀：人下沉，右肘上抬，左手内旋，合于右肘旁。

定式要求：身体左前与右脚尖成 45°；双小臂与右脚尖方向一致，左手指尖与右肘平。

口诀：下沉，提左腿向左后 45°撤步，双手内旋，左转拉开。

定式要求：身体方向与右脚成 45° 。左手指尖与左脚尖方向一致，掌根贴于左膝盖内侧上方四指，掌心略斜向下；右手掌心与右脚尖方向一致于右膝盖上方，手腕略高于肩。

口诀：下沉，翻掌，左转。

定式要求：身体与左脚尖内成22.5°。右手臂与身体同一平面，掌心向上于右腿外侧；左手掌心向上，手指最后关节与膝盖平。

口诀：下沉，右掌内旋，移重心到左腿，左掌向左膝上方穿掌。

定式要求：身体方向与左脚尖内成45°，重心在左腿。右手小臂、指尖与右脚尖方向一致于右胯前上方，小臂与地面平行；左手小臂斜向上45°，指尖与左脚尖方向一致于左脚上方。

口诀：收右胯，右手变搂，左手合于耳前。

定式要求：身体方向与左脚尖方向成67.5°。右手臂空间位置不变，指尖与右脚尖成45°；左手掌心与右手掌心相对于左耳前。

口诀：右转，左脚跟外摆，收右腿，左脚跟继续外摆，同时左掌往前推。

定式要求：双脚尖方向正前，身体与脚尖方向一致。左手掌心与左脚尖方向一致，小指外沿与下巴同高；右手掌心向内，手掌上沿于心窝处30 cm处。

口诀：下沉，右手里合，右腿向右后45°铲出，左手继续向前推出。

定式要求：双脚尖成90°，身体与左脚尖成22.5°。右手空间位置不变，离身体10 cm左右；左手空间位置不变，于下巴前30 cm左右。

口诀：下沉，双手内旋，微右转，拉开。

定式要求：身体方向与左脚尖成45°。右手指尖与右脚尖方向一致，掌根贴于右膝盖内侧上方四指，掌心略斜向下；左手掌心与左脚尖方向一致于左膝盖上方，手腕略高于肩。

口诀:下沉，翻掌，右转。

定式要求：身体与右脚尖方向内侧成 22.5°。左手臂与身体同一平面，掌心向上于左腿外侧；右手掌心向上，手指最后关节与膝盖平。

口诀：下沉，左掌内旋，移重心到右腿，右掌向右膝上方穿掌。

定式要求：身体方向与右脚尖内成 45°，重心在右腿。左手小臂指尖与左脚尖方向一致于左胯前上方，小臂与地面平行；右手小臂斜向上 45°，指尖与右脚尖方向一致于右脚上方。

口诀:收左胯，左手变搂，右手合于耳前。

定式要求：身体与右脚尖方向成 67.5°。左手臂空间位置不变，指尖与左脚尖成 45°；右手掌心与左手掌心相对于右耳前。

口诀：左转，右脚跟外摆，收左腿，右脚跟继续外摆，同时右掌往前推。

定式要求：双脚尖方向正前，身体与脚尖方向一致。右手掌心与右脚尖方向一致，小指外沿与下巴同高；左手掌心向内，手掌上沿于心窝 30 cm 处。

口诀：下沉，右手里合，左腿向左后 45° 铲出，右手继续向前推出。

定式要求：双脚尖成 90°，身体与右脚尖成 22.5°。左手空间位置不变，离身体 10 cm 左右；右手空间位置不变，于下巴前 30 cm 左右。

口诀：下沉，双手内旋，微左转，拉开。

定式要求：身体与右脚尖方向成 45°。左手指尖与左脚尖方向一致，掌根贴于左膝盖内侧上方四指，掌心略斜向下；右手掌心与右脚尖方向一致于右膝盖上方，手腕略高于肩。

5.2.14 退步压肘

口诀：下沉，微左转，翻左手，掌心向上。

定式要求：身体左前与左脚尖成22.5°。左手掌心向上，指尖与膝平；右手位置不变。

口诀：下沉，左手内旋，右转移重心到左腿，左手找右手。

定式要求：身体右前与右脚尖方向一致。左手位于身体中线，双手指尖方向与右大腿方向一致；右手位于右膝内侧上方。

口诀：下沉，右手下落，左手翻掌，左转带双手向左挤出。

定式要求：身体与左脚尖内成22.5°。右掌于裆中线，掌心向左，指尖向下；左掌心向左，指尖向前，于左膝盖内侧，略低于肩。

口诀：下沉，微右转翻右手掌心向前。

定式要求：身体正前与左脚尖成45°。右手掌心向前，位于身体中线；左手心向左前方，位于左膝内侧上方。

口诀：上下对开，双手向左前方掤出。

定式要求：身体正前与左脚尖成45°。左手于左膝内侧上方，掌心左前方；右手掌心向上，小臂内侧及手掌外沿于身体中线。

口诀：下沉，左手松肩、松肘，双手翻掌至掌心相对

定式要求：身体左前方与左脚尖成22.5°。右手掌根于身体中线，左肘于左前腰间；双手大臂自然贴身体，双手掌心相对，指尖左前方。

口诀：下沉，左转，移重心到右腿，双手继续翻掌。

定式要求：身体左前与左脚尖成 22.5°。左手位置不变，掌心向上；右手掌心向外于身体中线。

口诀：下沉，右小臂内收，微右转，带双手向右。

定式要求：身体与右脚尖内成 22.5°。左手掌心向上，小臂内侧及手掌外沿于身体中线；右手于右膝内侧上方，掌心右前方。

口诀：上下对开，右转，左手内旋，右手外旋，双手搓开，移重心到左腿。

定式要求：重心在左腿，身体于左脚尖内成 22.5°。右手掌心向上于右脚上方与肩同高，左手掌心向下贴于右小腹。

口诀：左转，双手继续搓开，移重心到右腿。

定式要求：重心在右腿，身体与左脚尖内成 22.5°。右手于右腿内侧，手臂斜向下 45°，指尖与右脚尖方向一致；左手贴于左腹前，指尖向下。

口诀：收右胯，含胸，双臂内旋，提左脚上步，左肘、右掌相合同时右脚向后撤步。

定式要求：左脚尖内扣 45°；右脚尖正前方；身体与左脚尖方向一致。左肘及双小臂与左脚尖外成 45°；右手掌贴于左肘处。

5.2.15 白蛇吐信

口诀：以左手腕为支点，上身回正，右手外旋，向后划弧。

定式要求：左脚尖内扣45°；右脚尖正前方；身体与左脚尖内成22.5°。右手于右腿外侧，指尖向右，与肩同高；左手掌背贴于胸中线。

口诀：下沉，左转，右手内旋，向左划弧，提右腿上步。

定式要求：右脚点于左脚旁，脚尖向前；身体与左脚尖方向一致。右手于右脚前上方，指尖与左脚尖外成45°。

口诀：右腿向后撤步，左掌前推，右肘后击。

定式要求：右脚尖与左脚尖方向平行，身体与左脚尖方向一致；左手掌心向前于左脚前上方，右手贴于右腰处。

口诀：下沉，移重心到左腿。

定式要求：重心在左腿，身体与左脚尖外成22.5°；双手与身体位置不变。

口诀：下沉，左手外旋下按，右手外旋穿掌。

定式要求：身体与左脚尖外45°。右手掌心平向上，小臂斜向上于左脚前上方，略高于肩；左手掌心平向下，贴于左胯骨。

5.2.16 闪通背

口诀：下沉，微右转，右小臂上抬，右转，右手内旋翻掌，右肘上提；左手外旋翻掌下穿同时左脚跟外摆。

定式要求：左脚尖在上图基础内扣 90°；身体与右脚尖方向一致。右手掌心向外于胸中线；左手掌心与左脚尖成 90° 于左大腿外侧。

口诀：下沉，双手向上划弧，收右脚向后撤步，左脚尖内扣带双手下打。

定式要求：左脚尖向内 45°，右脚尖正前与左脚尖成 45°，身体与左脚尖方向一致。左掌根贴于左膝髌骨处，右手于裆中线；双手掌心向下，指尖与左脚尖外成 45°。

5.2.17 前蹚拗步

口诀：下沉，右转摆右脚尖。右手外旋；左手先外旋、后内旋，向右划弧；双手相合。

定式要求：重心在左腿，双脚尖外摆 45°；身体与左脚尖成 45° 。双手相合于裆中线，右手指尖与左大腿方向一致。

口诀：上下对开，身体微左转右小臂上抬。

定式要求：身体与左脚尖成 22.5°；右小臂与地面平行，指尖与大腿平行。

口诀：上下对开，收右小臂。

定式要求：身体与左脚尖方向一致；右小臂斜向上 45°，左手不变。

口诀：下沉，翻右掌。

定式要求：身体与左脚尖方向一致；右手掌心斜向下45°，左手不变。

口诀：收腹，下沉，右手翻掌，左手推右手，至右手掌心向外。

定式要求：身体与左脚尖方向成45°；右手掌心与身体方向一致，左手按于右手腕背处。

口诀：下沉，移重心到右腿，左手内旋外撑，身体右转，双手拉开，下沉双臂微外旋，人下沉。

定式要求：身体与左脚尖方向成45°；双臂在双腿外侧上方，双掌打开，掌心向两侧，指尖向上。

5.2.18　青龙出水

口诀：下沉，双掌变拳，右拳外旋，移重心到左腿同时双手一上一下划弧。

定式要求：身体与右脚尖方向一致。左手在上于右肩前，左拳面与小臂向右与右脚尖成90°，左小臂与地面平行，拳心向下；右手在下于右腿内侧，拳心向上；双拳心相对。

口诀：下沉，左转，移重心到右腿。

定式要求：身体与左脚尖成22.5°。左拳面与小臂正前方；右拳心向上，右拳面与左大腿方向一致于左胯前。

口诀：收腹，下沉，胸腔膨胀，带双手里合。

定式要求：身体与左脚尖方向一致。左拳眼贴胸中线；右拳眼贴肚脐，双拳心相对。

口诀：含胸，微前倾，双拳里合。

定式要求：身体与左脚尖成 22.5°，双拳心贴身体。

口诀：身体右转，右小臂内旋，向右膝盖内侧击出，左肘向后同时击出。

定式要求：身体与右脚尖成 22.5°。右拳背向前于右膝内侧；左拳心贴左腰处。

5.2.19 击地捶

口诀：下沉，左手下落，右转；右手内旋，左手外旋向左、向上、向右划弧掤于右前方。

定式要求：身体正前与右脚尖成 45°。左手掌心向上，小臂内侧及手掌外沿于身体中线；右手于右膝内侧上方，掌心右前方。

口诀：下沉，右转双手翻掌向下，同时移重心到左腿。

定式要求：身体右前 45°。左手位于身体中线，双手指尖方向与右大腿方向一致；右手位于右膝内侧上方。

口诀：下沉，右手下落，左手翻掌，左转带双手向左挤出。

定式要求：身体与左脚尖成 22.5°。右掌于裆中线，掌心向左，指尖向下；左掌心向左，指尖向前，于左膝盖内侧，略低于肩。

口诀：下沉，微右转翻右手掌向前。

定式要求：身体正前方。右手掌心向前，位于身体中线；左手心向左前方，位于左膝内侧上方。

口诀：上下对开，双手向左前方掤出。

定式要求：身体正前与左脚尖成45°。左手于左膝内侧上方，掌心左前方；右手掌心向上，小臂内侧及手掌外沿于身体中线。

口诀：上下对开，左手松肩、松肘，双手翻掌至掌心相对。

定式要求：身体正前与左脚尖成45°。右手掌根于身体中线，左肘于左前腰间，双手大臂自然贴身体，双手掌心相对，指尖左前方。

口诀：下沉，摆右脚尖，双手翻掌，右转。

定式要求：身体右前与左脚尖成90°。右脚尖向右后与左脚尖成150°；右手掌于身体中线，掌心向外；左手于左胯前上方，掌心向上。双手指尖向前与左脚尖成45°。

口诀：继续右转移，重心到右腿，左脚跟外摆。

定式要求：右脚尖正前方与起势方向一致；身体方向与右脚尖成45°。右手指尖于身体中线在右脚尖上方，掌心与右脚尖方向一致；左手与左腿一直线，掌心向上，指尖向左；左脚掌跐起。

口诀：提左腿上步向左铲出，右转收右脚跟带双手向右。

定式要求：重心在右腿，双脚尖外摆45°，身体与右脚尖方向一致。右手掌心向右于右大腿上方；左手掌心向上于左胯前上方，双手指尖向前与右脚尖成45°。

口诀：下沉，双手变拳，右转。左拳内旋右拳外旋向右划弧。

定式要求：身体与右大腿方向一致。右拳心向上于右大腿外侧，左拳心向下于右大腿内侧；双小臂间平行且平行于地面，拳面向右。

口诀：下沉，右转，左拳下落移重心到左腿，右拳上提。

定式要求：重心在左腿，身体与右脚尖方向一致；左拳心向下于右胯前，右小臂与地面垂直。

口诀：下沉，左手松肩、松肘，左转带左手向左划弧。

定式要求：身体与左脚尖成22.5°。左手大鱼际贴左大腿内侧，拳心平向下；右拳与身体的位置不变。

口诀：下沉，右拳内旋，左转带左拳绕膝盖划弧，右拳变栽拳。

定式要求：身体与左脚尖方向一致。左拳眼贴小腿，拳心平向下；右拳眼贴右锁骨处。

口诀：下沉，左拳上提，右拳向下击出。

定式要求：身体与左脚尖方向一致。左拳面向前，拳心向下于左大腿外侧；右拳背向前于左脚掌内侧。

5.2.20 二起脚

口诀：蹬左腿移重心到右腿。右拳内旋右肘向右击出；左拳领劲下落于左膝内侧。

定式要求：重心在右腿，身体与右脚尖成22.5°。右拳心斜向下，拳眼贴于右肩下；左拳心贴于左膝内侧。

口诀：下沉，右转带左手内旋向右划弧；右手外旋微外推。

定式要求：身体与右脚尖外成45°。左拳眼贴右膝内侧；右拳心向下，拳面与右脚尖方向一致，右小臂与地面平行略低于肩。

口诀：下沉，右转左脚跟外摆，移重心到左腿，收右脚，下沉，开胸，双手外旋，一上一下拉开。

定式要求：左脚尖外摆45°，右脚尖正前与左脚尖成45°，身体与右脚尖方向一致；右臂斜向下45°，左臂斜向上45°，双拳心相对。

口诀：继续下沉，双手外旋，下沉。

定式要求：身体方向同上，双拳心斜向 45°。

口诀：下沉，提右腿向前跨一小步，移重心到右腿。

定式要求：重心在右腿，双手与身体位置不变。

口诀：蹬右腿，提左腿，左腿下落踢右腿，右手掌拍于右脚背。

5.2.21 护心拳

口诀：右脚落地，双手向右前方划弧。

定式要求：双脚尖正前方，身体右前与脚尖成 45°。双手松肩、沉肘，指尖与身体方向一致；右手于右大腿外侧，左手于身体中线。

口诀：下沉，右转，移重心到左腿，双手下落，左转带双手掤于左前方。

定式要求：身体与脚尖方向一致，重心在左腿。右掌心向上，小指外沿及小臂于身体中线；左手掌心左前 45°，小臂正前，于左膝外侧前上方。

口诀：下沉，双掌变拳，收右小臂，左拳外撑。

定式要求：身体与脚尖方向一致；右拳背与脚尖方向一致于右肩前，左拳心左前方于左脚外侧上方。

口诀：下沉，右拳内旋，左拳外旋。

定式要求：身体与脚尖方向一致。右拳心向下，拳眼对胸中线；左拳心向右与肩同高于左脚前上方。

口诀：提右腿，向右开步，同时右拳内旋，向前击出，左拳外旋，左肘向后击出。

定式要求：重心在左腿，右脚尖外摆45°，身体与左脚尖外成45°。右拳心向下，拳面正前方与肩同高；左拳心向上于左腰间。

口诀：下沉，右手松肩、松肘，右转，左手内旋，右手外旋，向右划弧。

定式要求：身体与右脚尖方向一致。右拳心向上于右膝上方；左小臂平行于身体，拳心向下于身体中线。

口诀：下沉，松右肘，左小臂微内收，移重心到右腿。

定式要求：身体与右脚尖方向一致。右拳心向上，手腕贴于右膝处；左拳同上图，距离身体近些。

口诀：下沉，右拳沿右腿方向冲拳，左拳下落，移重心到左腿，收右小臂。

定式要求：身体与右脚尖成22.5°；左拳心向下于腹前，右小臂垂直于地面于右胯上方。

口诀：下沉，左转勾左脚跟，移重心到右腿，左手外旋，右小臂向前击出。

定式要求：重心在右腿；身体与左脚尖内成 22.5°。右拳心斜向上于右胯前上方，左拳心向上贴于腹前。

5.2.22 前招

口诀：下沉，双手下落，上身回正。

定式要求：身体正前与脚尖成 45°；右拳心向前于右大腿内侧，左拳心向前于左胯前。

口诀：下沉，双拳变掌，右转，左手外旋，右手内旋向左、向上划弧，移重心到左腿，左手内旋，右手外旋，向右划弧。

定式要求：身体与右脚尖内成 22.5°。右手掌心向前，小臂与地面平行，指尖略向下于右腿外侧，与腰同高；左手掌心向前于右肩前，略高于肩。

口诀：下沉，右手下落，摆左脚跟，左转，双手向左击出，收右脚。

定式要求：左脚尖正前方。右脚点于左脚前半个脚掌，脚尖向前；身体与左脚尖外成 45°；右手掌心向左后方于左腿外侧；左手掌心左后方，与肩同高。

5.2.23 后招

口诀：下沉。左手松肩、松肘，外旋下落；右小臂外旋上提。

定式要求：身体与左脚尖外成 22.5°。右小臂斜向上 45°，指尖与左脚尖成 90°；左手指尖与左脚尖成 90°，手臂自然伸直，掌心平向下。

口诀：下沉，收右胯，右转，右手内旋，左手外旋翻掌。

定式要求：身体与脚尖方向一致。左手于左腿外侧；右手于左肩前，与肩同高，双手掌心向前。

口诀：右转，带双手向右击出。

定式要求：身体右前，与右脚尖外成 45°。左手掌心向右于右大腿外侧；右手小臂向前，掌心右前方与肩同高。

5.2.24 右蹬一跟

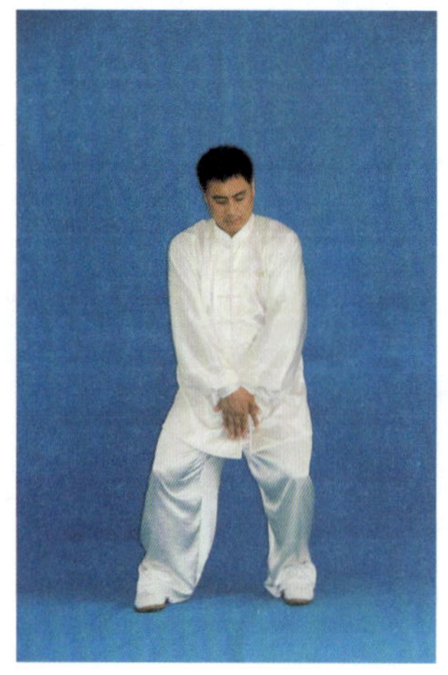

口诀：下沉，摆左脚跟90°，左手内旋，右手外旋下落，收右脚，双手合于腹前。

定式要求：身体与脚尖方向一致；双手掌背向前贴于小腹前，指尖向下。

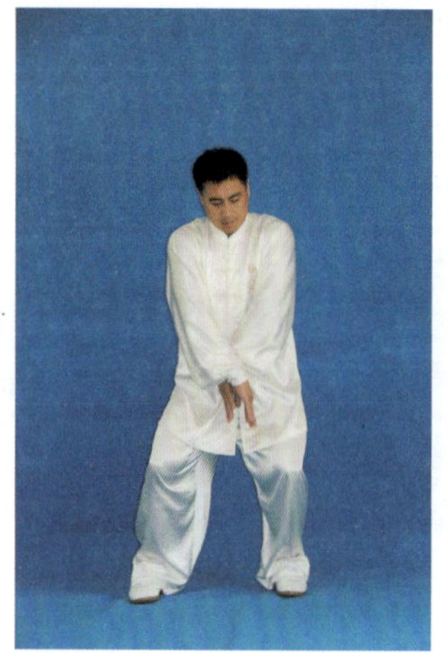

口诀：收腹，下沉，含胸，双臂内旋。

定式要求：身体与脚尖方向一致；双手空间位置不变，掌心相对。

口诀：双手继续内旋，人下沉，双肘上提。

定式要求：身体与脚尖方向一致；双手于胸前，双肘比肩高。

口诀：前倾，双手外旋翻掌。

定式要求：身体与脚尖方向一致；双手腕相交，掌心斜向上45°。

口诀：下沉，带双手下落。

定式要求：身体与脚尖方向一致，双手掌心斜向上于腹前。

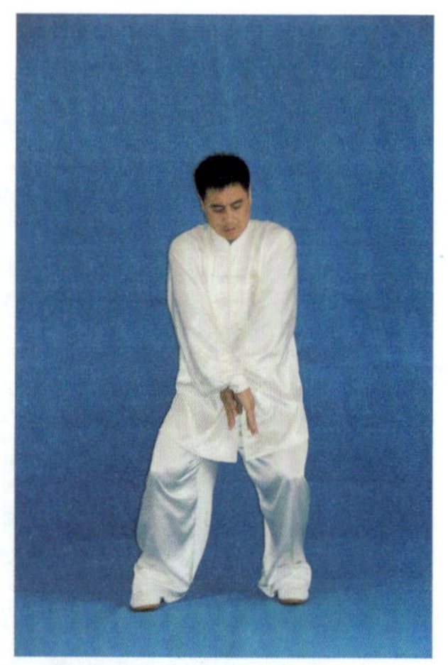

口诀：收腹，下沉，含胸，双臂内旋。

定式要求：身体与脚尖方向一致；双手空间位置不变，掌心相对。

口诀：双手继续内旋，人下沉，双肘上提。

定式要求：身体与脚尖方向一致；双手于胸前，双肘比肩高。

口诀：前倾，双手外旋翻掌。

定式要求：身体与脚尖方向一致；双手腕相交，掌心斜向上45°。

口诀：下沉，双手里合提右腿。

定式要求：身体与左脚尖方向一致，双手指贴双肩前。

口诀：右脚跟用力向右蹬出，同时双手向两侧打开。

口诀：下沉，收右脚点地。

定式要求：身体与左脚尖方向一致。右脚踮于左脚旁；双手腕与肩同高，掌心向两侧。

5.2.25 左蹬一跟

口诀：右转，左手向右划弧。

定式要求：身体右前与左脚尖成 45°。左手于身体中线；右手于右脚前上方；双手掌心斜向下 45°，与肩同高。

口诀：下沉，左转，带双手向左下划弧，左手外旋，右手内旋。

定式要求：身体左前与左脚尖内成 22.5°。左手掌心与左脚尖方向一致，贴于左大腿外侧；右手掌心向右，指尖向下于身体中线。

口诀：下沉，右手外旋，微右转，左手内旋。

定式要求：身体与左脚尖方向一致。右手腕贴于身体中线，掌心斜向上于左胯前；左手掌心向后，手臂斜向下 30°。

口诀：人微起来，带双手向上。

定式要求：身体左前与左脚尖内成 22.5°。左手掌心向后，与肩同高；右手大臂不动，小臂与地面平行，掌心向上，指尖与左脚尖成 45°。

口诀：下沉，翻左手掌心向上。

定式要求：身体左前与左脚尖内成 22.5°，左手掌心向上。

口诀：下沉，左小臂上抬，摆右脚，微右转。同时右手外摆，左手合于左耳旁。

定式要求：身体方向与左脚尖成 45°，右脚尖与左脚尖成 90°；右小臂平行于地面与左脚方向成 45°，左手掌心方向与身体方向一致。

口诀：左掌下落，左掌根贴于右手腕。

定式要求：身体方向与左脚尖成45°，右脚尖与左脚尖成90°；右小臂平行于地面与左脚方向成45°，左掌根贴于右手腕。

口诀：左手推右手，身体右转，摆右脚尖，移重心到右腿。

定式要求：重心在右腿；右脚尖与左脚尖成135°，身体与左脚尖成90°；右手掌心与左脚尖方向一致于右大腿内侧，左掌根贴于右手腕。

口诀：下沉，右转，提左腿上步点于右腿旁，右脚跟内收。

定式要求：右脚尖正前方，左脚与右脚平行与肩同宽，身体方向与右脚尖方向一致；双手与身体位置不变。

口诀：收腹，下沉，含胸，双臂内旋。

定式要求：身体方向与右脚尖方向一致；双手与身体的空间位置不变，掌心相对。

口诀：双手继续内旋，人下沉，双肘上提。

定式要求：身体方向与右脚尖方向一致；双手于胸前，双肘比肩高。

口诀：前倾，双手外旋翻掌。

定式要求：身体方向与右脚尖方向一致；双手腕相交，掌心斜向上45°。

口诀:下沉,带双手下落。

定式要求：身体方向与右脚尖方向一致，双手掌心斜向上于腹前。

口诀:收腹，下沉，含胸，双臂内旋。

定式要求：身体方向与右脚尖方向一致；双手与身体的空间位置不变，掌心相对。

口诀：双手继续内旋，人下沉，双肘上提。

定式要求：身体方向与右脚尖方向一致；双手于胸前，双肘比肩高。

口诀：前倾，双手外旋翻掌。

定式要求：身体方向与右脚尖方向一致；双手腕相交，掌心斜向上 45°。

口诀：下沉，双手里合提左腿。

定式要求：身体方向与右脚尖方向一致，双手指贴双肩前。

口诀：左脚跟用力向左蹬出，同时双手向两侧打开。

5.2.26 玉女穿梭

口诀：下沉，双手内收于双跨前。

定式要求：双手贴大腿，双手指尖与双膝方向一致。

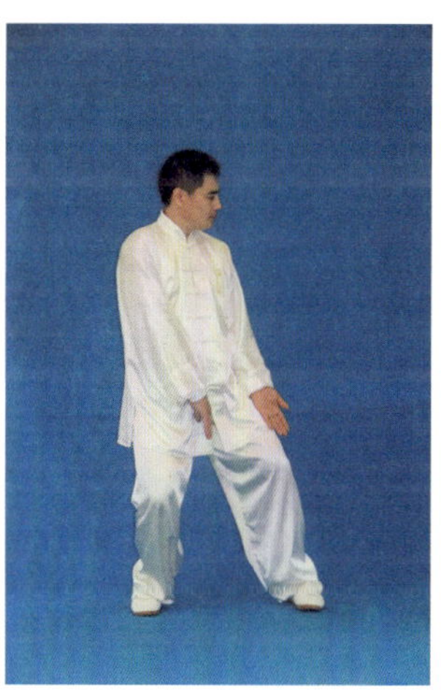

口诀：下沉，左转，右手内旋，左手外旋。

定式要求：重心在右腿，身体向左前与左脚尖成45°。右手贴于裆中线，掌心向右，手掌垂直向下，手指打开；左手小指、无名指（小指外侧）贴大腿中线；两手指间距1厘米左右；左掌心与脚尖方向一致。

口诀:下沉，右转，摆左脚跟移重心到左腿，继续右转，右手内旋左手外旋向左、向上划弧，摆右脚尖同时继续右转，左手内旋右手外旋向右划弧立掌。

定式要求：身体与左脚尖成22.5°，右手于右脚前上方；左手于左胸前上方；双手掌心与右脚尖方向一致，指尖向上。

口诀:下沉，右掌前推，收左掌落于左胸前。

定式要求：身体与左脚尖方向一致，左肘向下。

口诀：下沉，移重心到右腿。

定式要求：身体与左脚尖方向一致；右手位置不变，左手不动。

口诀：蹬右腿，提左腿向前跨一大步，同时左掌向前击出，右肘向后击出，转身勾左脚尖。

定式要求：右脚尖正前方，左脚尖外摆45°，身体与右脚尖方向一致。右手掌心向下，指尖向左于右胸前；左手掌心向下，指尖向左与肩同高。

5.2.27 揽扎衣

口诀：下沉，右肘下落，摆右脚尖，右手外旋翻掌下落，左手向右划弧，双手合于右膝内侧。

定式要求：身体与右脚尖方向一致；右手指尖与右脚尖方向一致，双手十字纹相合成 90°。

口诀：下沉，左转，移重心到右腿，左脚跟内收，带两手于左胯前。

定式要求：双脚尖外摆 45°，身体与左脚尖方向一致；右手掌方向与左大腿平行，双手十字纹相合成 90°。

口诀：上下对开，收右小臂，同时左肘微下落。

定式要求：身体方向和左脚尖方向一致。右小臂斜向上 45°，手掌外沿于身体中线；左手肘下落。

口诀：下沉，右手翻掌至掌心斜下 45°。

定式要求：身体与左脚尖方向一致。右大臂与肘贴身体，掌心斜向下 45°，手掌于身体中线；左肘微下落。

口诀：左手推右手至右手掌心向外。

定式要求：身体与左脚尖方向一致。双手于左跨前上方；右手掌心向外，肘比手略高；左手竖掌。

口诀：人下沉，右手前推，左手下按至腹前。

定式要求：身体与左脚尖内成22.5°。右手正面看手腕与身体平，掌心与左脚尖方向一致；左手掌心平向下于腹前。

口诀：下沉，右转，身体回正，右手松肩、沉肘，外旋，下沉，同时翻左掌。

定式要求：身体与脚尖成45°。右手掌心向前指尖向上于右膝内侧前上方，手腕与肩同高；左手掌心向上，指尖向右于腹前。

5.2.28 如封似闭

口诀：人下沉，右手松肩、松肘，左手掌内旋里合。

定式要求：身体正前与脚尖成45°。右手掌心向左指尖向前，小臂平行于地面；左手掌心贴于腹前，指尖向右。

口诀：下沉，左转，右手下落外旋翻掌，左手指领劲下旋。

定式要求：身体与左脚尖内成22.5°。右手掌心向前，小臂贴于胯前；左手位置不变，指尖向下。

口诀：收右胯，双臂内旋至双掌背相对。

定式要求：身体正前方与右脚尖成45°，双掌背相对于腹前。

口诀：下沉，双臂继续内旋，右肘上提。

定式要求：身体正前方与右脚尖成45°；右手贴锁骨下方，左手位置不变。

口诀：下沉，双小臂外旋，松肩、松肘至掌心向上，下落。

定式要求：身体正前。双掌心向上；右手小臂与地面平行，指尖、小臂与右脚尖方向一致于右膝内侧；左掌心平向上贴肚脐。

口诀：人下沉，右拳下落，移重心到左腿，左手内旋双手背合于腹前。

定式要求：身体与右脚尖方向一致。左手指尖向下，掌心贴小腹；双手背相合，右手指尖左下45°。

口诀：收腹下沉，含胸，右手内旋，双手上提，翻右掌至掌心向外。

定式要求：身体与右脚尖方向一致。左手掌心贴胸窝前，指尖向下；右手掌心向外，指尖左下45°；双手背相贴。

口诀：移重心到右腿，双手向右前方挤出。

定式要求：身体右前45°。双手背相贴于身体前中线，左手指尖向下；右手掌心右前方45°。

口诀：下沉，右转移重心到左腿，松肩、松肘、翻掌。

定式要求：身体右前与右脚尖方向成22.5°。右小臂与地面平行于右胯前上方，掌心向左，指尖向前；左手掌心向后于身体中线，空间位置不变，指尖向右。

口诀：左转，左手下落变刁手上提，右手变托手。

定式要求：身体与右脚尖方向成45°。右手掌心向上，略低于肩，指尖向右；左手左肩前，略高于眉，指尖斜向下。

口诀：下沉，左手松肩、松肘、翻掌。

定式要求：身体与右脚尖方向成22.5°。左手指尖正前方，与肩同高；右手略低于肩；双手臂成90°。

口诀：下沉，左转，移重心到右腿，两手臂向两侧打开。

定式要求：身体与左脚尖方向一致。右手指尖与右脚尖方向一致于右脚上方，略低于肩；左手指尖与左脚尖成45°于左大腿外侧，与肩同高；双手掌心向上。

口诀：收腹下沉，含胸，双手内旋至掌心向前。

定式要求：双手空间位置不变，掌心向前。

口诀：下沉，双小臂里合于双耳旁。

定式要求：身体与左脚尖方向一致；双手于双耳旁，双手掌心斜向下。

口诀：双手内旋，身体右转。

定式要求：身体与右脚尖方向一致；双手略低于肩，掌心向下。

口诀：双手下按，带左脚上步于右脚旁。

定式要求：身体与右大腿方向一致，身体中线于右大腿内侧，双脚平行。两手中线于右腿前方，手指打开，双手虎口相对；左手于右大腿内侧，右手于右大腿外侧。

5.2.29 单鞭

口诀：下沉，松肩，松肘。

定式要求：身体与右大腿方向一致。双手高度不变；右手指尖左前45°，左手指尖右前45°。

口诀：右转，双手外旋，左掌前穿，右臂内收。

定式要求：右手大臂贴身体，身体正右方，右小臂与右脚尖成45°，小臂与地面平行；左手指尖与左脚尖方向一致于左胯前上方，小臂斜向上45°。

口诀：身体左转，右手向左里合，左脚跟里合。

定式要求：身体正前方与右脚尖成 45°。右手指尖向左，掌心平向上于左腹前；左手指尖与右脚尖方向一致，左肘贴身体，掌心、小臂斜向上 45°。

口诀：下沉，左手松肩、松肘外旋，右手变勾手内旋，往右侧方向上提，含胸，左掌合于小腹前。

定式要求：身体与右脚尖方向一致；左手掌心平向上于小腹前，右手于右脚掌外侧上方。

口诀：收右胯，右转，提左腿向左铲出。

定式要求：身体右前方与右脚尖方向一致；右手于正右方，左手掌心向上于腹前。

口诀：下沉，移重心到左腿，勾右脚尖，左转，左手随左转往左拉开。

定式要求：身体左前与左脚尖成 22.5°。左手掌心向上，指尖向前于左腰处；右手正右方。

口诀：下沉，左转，移重心到右腿，右转左手向右穿掌至小腹前。

定式要求：身体微右前，与右脚尖成 22.5°；左手掌心平向上，指尖向右于腹前。

口诀：下沉，右转，左掌往右手方向穿，收右脚跟移重心到左腿。

定式要求：身体与右大腿方向一致；右手于右膝前上方，左手指尖斜向上 45° 对右手。

口诀：顶右胯、翻左手掌心向里，收右胯下沉，翻左手掌心向外。

定式要求：身体与右脚尖方向一致。右手空间位置不变；左手掌心向前，指尖向右。

口诀：左转，拉开，左手臂微外旋，下沉。

定式要求：身体正前方，双手臂 180°，左手掌心向左。

5.2.30 雀地龙

口诀：下沉，右转，双手变拳外旋。左手里合，右拳下落。

定式要求：身体右前方 45° 。右拳拳心向上于右膝内侧，小臂与右脚尖方向一致；左拳于左胸前，小臂垂直地面。

口诀：下沉，左转，移重心到右腿，带右拳到左胯前。

定式要求：身体左前方 22.5°；左手空间位置不变，右拳于左胯前。

口诀：下蹲，双臂内旋，微左转，双拳拉开。

定式要求：身体左前 22.5°。左拳于左膝前方，左手腕贴膝盖；右拳于右膝内侧前上方；双拳心相合。

5.2.31 上步七星

口诀：蹬右腿，左拳微外旋向左膝正左方冲拳，右拳内旋，微右转，下沉双拳前伸。

定式要求：身体正前方；双拳同一平面与肩同高，左拳面向左，右拳面向右。

口诀：下沉，摆左脚尖，左转，带右腿上步，右拳随上步划弧，合于左拳下方。

定式要求：身体方向与脚尖方向一致，脚尖正前方。双手腕相交；双小臂斜向上45°，拳心向内略高于肩。

口诀：下沉，双拳里合，含胸内旋外翻变掌。

定式要求：双手掌心向外，斜向下于胸前中线；左手指尖右下45°，右手指尖左下45°。

口诀：双掌向前击出。

定式要求：双手掌心向外。

口诀：下沉带双手下落，内旋上提至胸前，外旋翻掌上穿至面部前方，提右膝右转90°。

定式要求：身体正前方，左脚正前方，右脚放松；双手腕相交合于额前，指尖向上。

5.2.32 小擒打

口诀：人下沉，提右腿向右撤步。

定式要求：左脚尖正前方；右脚尖右前45°；身体与左脚尖方向一致。双手交叉，点于左胯前上方。

口诀：下沉，左转，左脚跟内收移重心到右腿，双手内旋，左手后抽下落，右手翻掌。

定式要求：双脚尖外摆45°，身体正前与脚尖成45°。左手掌心向后贴于左膝内侧；右手掌心向前，指尖向左于左肩前，小臂与身体平行。

口诀：下沉，右转带右手向右。

定式要求：身体与右脚尖内成22.5°；右手掌心与左脚尖方向一致于右膝外侧上方与肩同高，左手位置不变。

口诀：下沉，右转，移重心到左腿，右手变抽，左手内旋上提，右手外推下沉，双手松肩松肘外旋，收右腿向前，右手下落于右腰间，左小臂微内收。

定式要求：右脚尖正前方，身体与右脚尖方向一致；右手腕贴右腰间，左手指尖右前45°。

口诀：下沉，提右腿上步，带右手前穿，两手合于右腿上方。

定式要求：右脚尖正前方。右手掌心向上，指尖向前，小臂与地面平行于右脚上方；左手指贴手腕。

口诀：上下对开，右小臂上抬，左肘下沉。

定式要求：右小臂斜向上45°，左肘略向下。

口诀：翻右掌。

定式要求：右手掌心斜向下45°。

口诀：下沉，摆右脚尖，左手推右手。

定式要求：右脚尖外摆45°；身体和右脚尖方向一致。右手掌于右脚内侧上方，掌心与右脚尖方向一致。

口诀：收腹，下沉，含胸，移重心到右腿。

定式要求：双手空间位置不变。

口诀：下沉，双手微前推，收左腿。

定式要求：身体与右脚尖方向一致。右手掌心与右脚尖方向一致，于右脚前上方；左脚尖正前方，左小臂与左脚尖成 90° 与地面平行。

口诀：收腹，下沉，左脚向左铲出。

定式要求：双脚尖外摆 45°，身体方向与右脚尖方向一致。右掌于右脚上方，掌心朝右方；左手指按在右腕处。

口诀：下沉，左手外旋下落。

定式要求：身体与右大腿方向一致。左手指尖斜向右，下贴于右膝内侧，掌心向里；右手空间位置不变。

口诀：微下沉，右手外撑，左转，带左手至左膝内侧，身体回正。

定式要求：身体正前与右脚尖成 45°。左手指尖向下，贴左膝内侧；右手空间位置不变。

口诀：下沉，右小臂内收，右转，右手向后抽，左臂内旋。

定式要求：身体与右大腿方向一致。右手掌心向外于右大腿外侧；左手空间位置不变。

口诀：右手外推，移重心到左腿，左手松肩、沉肘。

定式要求：身体与右脚尖方向一致。右手指尖向前，掌心正右方；左手指贴左膝内侧，指尖向下。

口诀：下沉，左转，右手外旋，松肩、松肘，下落。

定式要求：身体左前与左脚尖成22.5°。右手于身体中线，掌心向左，指尖向下；左手位置不变。

口诀：下沉，左转，移重心到右腿，右手到左胯前。

定式要求：身体左前与左脚尖方向一致。左大臂贴身体，左手掌心贴大腿；右手掌心与左大腿方向一致于左胯前。

口诀：右转，右手内旋，下沉，微右转，右肘领劲向右上提，左手往下撑。

定式要求：身体正前方。右手掌心平向下于胸前；左手掌根贴左膝上方，指尖与左脚尖方向一致，掌心平向下。

口诀：蹬右脚，右掌往左膝内侧击出，左肘往后击出。

定式要求：右手指尖正左方，身体与右手指同一方向。右掌根于左膝内侧，掌心平向下；左手指尖正左方，掌心平向下于左后腰。

5.2.33 云手

口诀：下沉，微右转移重心到右腿，双手下按。

定式要求：身体与左脚尖成22.5°。左手掌根贴左膝上方，指尖向左，掌心平向下；右手于裆中线掌心平向下，指尖向左。

口诀：下沉，右转摆左脚跟，移重心到左腿，左手内旋右手外旋向右划弧。

定式要求：身体与右脚尖方向一致。右手臂及掌心斜向下45°于右脚前上方，指尖向前；左手掌心向内，指尖贴右肘，松肩，沉肘。

口诀：下沉，翻掌。

定式要求：身体与右脚尖方向一致。右手掌心向左，指尖向下于右脚上方；左手指尖贴右肘处，掌心向外。

口诀：左转，带双手向左击出，提右腿向左脚后方插步。

定式要求：身体左前与左脚尖成22.5°。右手于左大腿外侧，掌心向左，指尖向下；左手掌心向左前方，小臂向前与肩同高。

口诀：微下沉，移重心到右腿，右手内旋、左手外旋一上一下划弧。

定式要求：身体左前与左脚尖成22.5°。右手掌心向内，指尖贴左肘关节；左手臂及掌心斜向下45°，指尖向前。

口诀：下沉，翻掌。

定式要求：身体左前与左脚尖成22.5°。左手掌心向右，指尖向下；右手指尖贴左肘处，掌心向外。

口诀：右转，带双手向右击出，提左腿向左开步。

定式要求：身体与右脚尖方向一致。左手于右大腿外侧，掌心与左脚尖成 90°，指尖向下；右手掌心与右脚尖方向一致，小臂向前，与肩同高。

口诀：下沉，微右转，移重心到左腿，左手内旋、右手外旋双手一上一下划弧。

定式要求：身体与右脚尖方向一致。右手臂及掌心斜向下 45°，于右脚前上方，指尖向前；左手掌心向内，指尖贴右肘，松肩，沉肘。

口诀：下沉，翻掌。

定式要求：身体与右脚尖方向一致。右手掌心向左，指尖向下于右脚上方；左手指尖贴右肘处，掌心向外。

口诀：左转，带双手向左击出，提右腿向右开步。

定式要求：身体左前与左脚尖成 22.5°。右手于左大腿外侧，掌心向左，指尖向下；左手掌向左前方，小臂向前与肩同高。右脚尖平行于左脚尖。

口诀：下沉，微左转，移重心到右腿，右手内旋、左手外旋双手一上一下划弧。

定式要求：身体左前与左脚尖成 22.5°。左手臂及掌心斜向下 45°于左脚前上方，指尖向前；右手掌心向内，指尖贴左肘，松肩，沉肘。

口诀：下沉，翻掌。

定式要求：身体左前与左脚尖成 22.5°。左手掌心向右，指尖向下于左脚上方；右手指尖贴左肘处，掌心向外。

口诀：右转，带全手向右击出，提左腿向右脚后方插步。

定式要求：身体右前与右脚尖成22.5°。左手于右大腿外侧，掌心向右，指尖向下；右手掌向右前方，小臂向前，与肩同高。

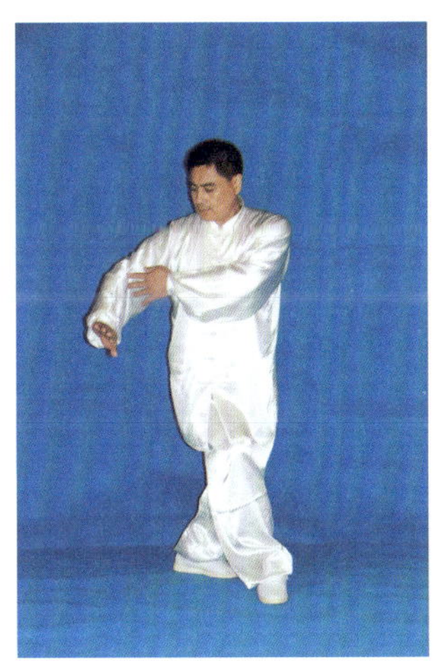

口诀：微下沉，移重心到左腿，左手内旋、右手外旋双手一上一下划弧。

定式要求：身体右前与右脚尖成22.5°。左手掌心向后，指尖贴右肘关节；右手臂及掌心斜向下45°，指尖向前。

口诀：下沉，翻掌。

定式要求：身体右前与右脚尖成22.5°。右手掌心向左，指尖向下；左手指尖贴右肘处掌心向外。

口诀：下沉，微右转，松肩，松肘，提右腿向右横开一大步，右手下落，左手前推。

定式要求：身体正前与左脚尖成45°，右手于右胯前，掌心向左，指尖向下；左手与肩同高，掌心向外，掌心于身体中线。

口诀：下沉，左转，移重心到右腿，带右手于左胯前，左手前推下落。

定式要求：身体与左脚尖方向一致。右手指尖与左大腿方向一致；左手臂斜向下45°，指尖向前。

口诀：收右胯，微右转，右小臂上抬，左小臂内旋下落。

定式要求：身体与左脚尖成22.5°。右手于身体中线，小臂斜向上45°，指尖左前45°；左手指贴左膝内侧，左小臂垂直于地面，掌背向前，指尖向下。

口诀：下沉，微右转，翻右掌至斜下45°，左手翻掌至掌心向右。

定式要求：身体正前方与右脚尖成45°。左手掌心向右，指尖向下于左膝内侧；右手掌心斜向下45°于左肩前。

口诀：继续右转，翻右手掌心向外，左手松肩、松肘。

定式要求：身体与右脚尖成22.5°。右手掌心向外于身体中线；左手掌向右，指尖向下。

口诀：下沉，右转移重心到左腿，左手外旋向上划弧，右手微下落，双手合于右前方。

定式要求：身体与右脚尖方向一致。右掌心向外；左掌心向上，左小臂及指尖与右大腿方向一致于身体中线平行于地面。

口诀：上下对开，收左小臂，右肘微下落。

定式要求：身体与右脚尖方向一致。左小臂斜向上45°，手掌外沿于身体中线；右手肘下落，掌心向外。

口诀：下沉，左手翻掌至掌心斜下45°。

定式要求：身体与右脚尖方向一致。左大臂与肘贴身体，掌心斜向下45°，手掌于身体中线；右肘微下落。

口诀：右手推左手至左掌心向外。

定式要求：身体与右脚尖方向一致。双手于右跨前上方；左手掌心向外，肘比手略高，指尖斜向右下45°；右手竖掌。

口诀：右手内旋外撑，左转，双手拉开，双臂外旋，下沉。

定式要求：身体正前方与左脚尖成45°；双臂在双腿外侧上方，双掌打开，掌心向两侧，指尖向上。

5.2.34 高探马

口诀：下沉，微左转，摆左脚尖，左腕领劲里收、右手外旋下落。

定式要求：左脚尖向左；身体与左脚尖成45°。左手指尖与左脚尖方向一致于左脚前上方；右手掌心与左脚尖方向一致于右大腿外侧。

口诀：继续左转，提右腿上步，左小臂向右胸里合。

定式要求：右脚尖与左脚尖方向一致；身体微向右，与右脚尖成22.5°。右掌心向前于右膝外侧，左手指尖向右前方45°。

口诀：下沉，开胸，右手微外旋，左小臂内收。

定式要求：身体与左脚尖方向成 45°;左手指尖向右，右手掌心右前方 45°。

口诀：下沉，提右腿向右铲出，双手合于右膝内侧。

定式要求：身体与右脚尖方向一致；右手指尖与右脚尖方向一致，双手十字纹相合成 90°。

口诀：下沉，左转，移重心到右腿左脚跟内收，带双手于左胯前。

定式要求：双脚尖外摆 45°; 身体与左脚尖方向一致。右手掌方向与左大腿平行，双手十字纹相合成 90°。

口诀：上下对开，收右小臂同时左肘微下落。

定式要求：身体与左脚尖方向一致；右小臂斜向上 45°，手掌外沿于身体中线；左手肘下落。

口诀：下沉，右手翻掌至掌心斜下 45°。

定式要求：身体与左脚尖方向一致。右大臂与肘贴身体，掌心斜向下 45°，手掌于身体中线；左肘微下落。

口诀：左手推右手至右手掌心向外。

定式要求：身体与左脚尖方向一致。双手于左跨前上方；右手掌心向外，肘比手略高；左手竖掌。

口诀：左手内旋外撑，右转，双手拉开，双臂外旋，下沉。

定式要求：身体正前与右脚尖方成45°；双臂在双腿外侧上方，双掌打开，掌心向两侧，指尖向上。

口诀：下沉，微左转，左手外旋翻左掌向上。

定式要求：身体左前与左脚尖成22.5°。左手略低于肩，掌心向上，指尖向左；右手于右脚上方，掌心与右脚尖方向一致。

口诀：右转，带右手向下，左手内旋向右划弧。

定式要求：身体与右脚尖方向一致。左掌心向下略低于肩，于右膝内侧上方，指尖向右；右掌心向下，位于右膝外侧，指尖与膝平。

口诀：下沉，人微前倾，翻右掌贴于右大腿。

定式要求：身体与右脚尖方向一致。左手高度不变，肘下落；右手大鱼际位置不动，掌心贴大腿，指尖向下。

口诀：下沉，右手外旋翻掌上抬，左手下按。

定式要求：身体与右大腿方向一致。左手掌心向下，指尖向右，食指贴右膝内侧；右手掌心向内，小臂垂直于地面。

口诀：微左转，左手外旋至掌心向内，左转，带左手内旋至身体中线，右手内旋合于耳旁。

定式要求：身体正前与右脚尖成45°。左手于裆中线，掌心平向下，指尖向右；右手掌心左前于耳旁。

左转，收左腿，左手翻掌向上，右手向前推出。

定式要求：两脚平行，与肩同宽，重心在右腿，三点一线，脚尖向前，身体与脚尖方向一致；右手掌心向外，指根于身体中线，手掌高度与肩平，松肩。

5.2.35 双摆莲

口诀：下沉，右手外旋松肩松肘至掌心向左，左手翻掌至掌心向里。

定式要求：身体与右脚尖方向一致。右手指尖不超过肩，掌心向左，指尖向前，松肩、沉肘于右脚上方；左手掌心贴腹部，指尖向右。

口诀：下沉，右手下落，左转，顶右胯，右手外旋于右胯前，左手旋至指尖向下。

定式要求：身体左前与左脚尖成22.5°。右掌向前于右胯前；左掌心贴腹，指尖向下。

口诀：收右胯，双手内旋至手背相对。

定式要求：身体回正与右脚尖方向一致；左手高度不变，右手高度与左手齐，手背相对。

口诀：下沉，右手内旋至肘向前，继续下沉，右肘向上提，左手内旋。

定式要求：身体正前与右脚尖方向一致。右手掌心向右，指尖向下于胸中线；左手空间位置不变，指尖向左下。

口诀：收右胯，双手外旋翻掌，右手松肩、松肘。

定式要求：身体正前与右脚尖方向一致。右手于右腿外侧上方，小臂斜向上45°；左手于肚脐上方，掌心与指尖斜向上45°。

口诀：下沉，双手下落。

定式要求：身体与右脚尖方向一致。左手于腹前指尖右前45°；右手大臂贴身体，小臂与地面平行于右大腿外侧，指尖向前。

口诀：顶右胯，右手下落。

定式要求：身体左前与左脚尖成22.5°；左手不变，右手指尖斜向下。

口诀：收右胯，微右转，下沉，含胸，双肘打开。

定式要求：身体与右脚尖方向一致。左手位置不动，肘打开；右手掌心左上45°，指尖左下45°，于大腿中间上方。

口诀：下沉，含胸，双手向两侧打开。

定式要求：身体正前与右脚尖方向一致。左手腕与肩同高于左脚外侧上方，掌心向右，指尖向右下；右手指尖向左下于右腿外侧。

口诀：后背放松下沉，双手继续拉开。

定式要求：身体与右脚尖方向一致。右手掌心向左，指尖斜向前下45°；左手腕略高于肩，掌心向右，指尖斜向前下45°，双手掌心相对。

口诀：下沉，右转，移重心到左腿、摆右脚尖，双手合于右前方。

定式要求：右脚尖与左脚尖成45°，身体与右脚尖方向一致。右手大臂贴身体，小臂于右大腿上方与地面平行，指尖与右大腿方向一致；左脚三点一线，左手掌根合于右手腕上。

口诀：上下对开，收右小臂。

定式要求：身体与右脚尖方向一致；右小臂斜向上45°，左手不动。

口诀：下沉，翻右手掌心向外摆右脚尖。

定式要求：身体与左脚尖成90°；右脚尖尽量外摆，双手空间位置不变于右脚上方，右掌心与右脚尖方向一致。左脚尖方向不变。

口诀：右转移重心到右腿，提左腿点于右脚旁，以右脚掌为轴继续外旋右转（共270°）。

定式要求：右脚尖右前方45°；身体与右脚尖方向成22.5°；右手于右膝外侧上方，掌心右前方45°。左脚尖正前方，左手指按于右腕处。

口诀：收腹，下沉，提左腿向左铲出。

定式要求：双脚尖外摆45°，身体方向与右脚尖方向一致。右掌于右脚上方，掌心朝右方；左手指按在右腕处。

口诀：下沉，左手外旋下落。

定式要求：身体与右大腿方向一致。左手指尖斜向右下贴于右膝内侧，掌心向里；右手空间位置不变。

口诀：微下沉，右手外撑，左转，带左手至左膝内侧，身体回正。

定式要求：身体正前与右脚尖成45°；左手指尖向下贴左膝内侧，右手空间位置不变。

口诀：下沉，左转，左手翻掌向上。

定式要求：身体左前与左脚尖成22.5°。右手空间位置不变；左手掌心向上，指尖过膝。

口诀：右转，含胸，左脚跟外摆，移重心到左腿，左手内旋向右划弧右手外旋至掌心向下。

定式要求：身体与右脚尖方向一致；重心在左腿，左脚尖正前方。双手掌心向下，双手指尖与右脚尖方向一致，右手于右膝内侧，左手于身体中线。

口诀：下沉，左转，双手变按，收右腿。

定式要求：身体右前与左脚尖成 22.5°，右脚于左脚前半个脚掌。左手于右膝上方，指尖向右；右手于右膝外侧上方，指尖与右大腿一致；双手掌心向下，双手臂高度 45°。

口诀：提右脚，向左前踢出，右脚背击于双手掌。

5.2.36　当头炮

口诀：随右脚下落，身体下沉，双掌变拳，微左转身体回正，左拳外旋，双拳落于身体前方。

定式要求：身体正前与脚尖方向一致。右拳心向下于身体中线，左拳于左脚上方；双小臂与地面平行；右脚于左脚前半脚掌，脚尖向前。

口诀：下沉，右转，带左手内旋，右手外旋，拳心相对，向右划弧。

定式要求：身体向右与左脚尖成 90°。右小臂与地面平行，拳面正右方，左拳于右腿外侧；双拳心相对。

口诀：下沉，左手内旋上提，右手外旋下落。

定式要求：身体右前与左脚尖成45°。左拳心向下略高于肩，右拳位于右腿上方，拳心向上；双拳心相对。

口诀：下沉，左转，双拳心相对，向上、向左划弧打出，右腿向后撤步。

定式要求：身体左前与左大腿方向一致。左拳心向上，拳面与左大腿方向一致于左脚前上方；右拳心向下。

口诀：下沉，双手下落，左转，左脚跟内收，双手内旋摆右脚尖，移重心到右腿。

定式要求：双脚尖外摆45°；身体与左脚尖内成22.5°，双拳背相对于双胯前。

口诀：人下沉，双手继续内旋上提。

定式要求：身体正前方，双拳背相对于胸前。

口诀：人下沉，双拳上提外翻，双肘里合。
定式要求：双拳背向前于双肩前。

口诀：下沉，双拳内旋，左转蹬右脚，双拳向前击出。

定式要求：右脚尖正前方，身体与左大腿方向一致；左拳于左脚前上方，双臂平行，双拳面与左大腿方向一致与肩同高。

5.2.37 金刚捣碓

口诀：下沉，双拳下落，左转移重心到右腿，双拳变掌，右手内旋左手外旋，摆右脚尖，右转，带双手向右。

定式要求：身体正前与右脚尖成 45°；重心在右腿，双脚尖外摆 45°。右掌心右前方于右膝内侧上方；左手掌心向上，小臂内侧及手掌外沿于身体中线。

口诀：上下对开，左小臂上抬。定式要求：身体正前与右脚尖成 45°，左小臂斜向上 45°。

口诀：右转，右手向后抽，左手内旋。

定式要求：身体与右脚尖方向一致。右手于右大腿外侧与肘、肩平，右小臂与指尖正前方；左手掌斜向上 45°，指尖右前 45°；肘沉于身体中线。

口诀：下沉，左手内旋、右手外旋前推 翻掌向下。

定式要求：身体与右脚尖成 22.5°。双手指尖与右大腿方向一致，右手于右大腿外侧；左手于身体中线；双手掌心向下。

口诀：下沉，带双手下按。

定式要求：身体与右脚尖成 22.5°。右手指尖与右大腿方向一致于右膝上方；左手指尖向右贴右大腿内侧，拇指于大腿中间。

口诀：微右转，移重心到左腿，身体左转，至身体回正时放松下沉，翻右手掌心向上。

定式要求：身体正前与左脚尖成 45°；左大臂贴身体，左肘关节成 90°，左小臂与身体成 90°与地面平行，掌心向下，掌指关节微曲，指尖斜下，右手掌心向上于右大腿上方。

口诀：收腹下沉，含胸，双肘打开。

定式要求：身体正前与左脚尖成 45°。右手小指背贴大腿，指尖向前；左手掌心向下，指尖不超过身体中线，指尖右前 45°。

口诀：双手向两侧打开。

定式要求：身体正前与左脚尖成 45°。左手掌心平向下，指尖左前 45° 于左脚前上方；右手于右大腿外侧，掌心向上，指尖右前方 45°。

口诀：后背放松，双手继续向两侧打开。

定式要求：身体左前与左脚尖成 22.5°。左掌心向下，指尖与左大腿方向一致；右掌心向上，指尖正右方。

口诀：下沉，左转，摆左脚尖，右手内旋下落于右大腿外侧，左手微内收。

定式要求：左脚尖向左。身体与左脚尖成 45°。左手指尖与左脚尖成 45°，于左脚前上方；右手掌心与左脚尖方向一致于右大腿外侧。

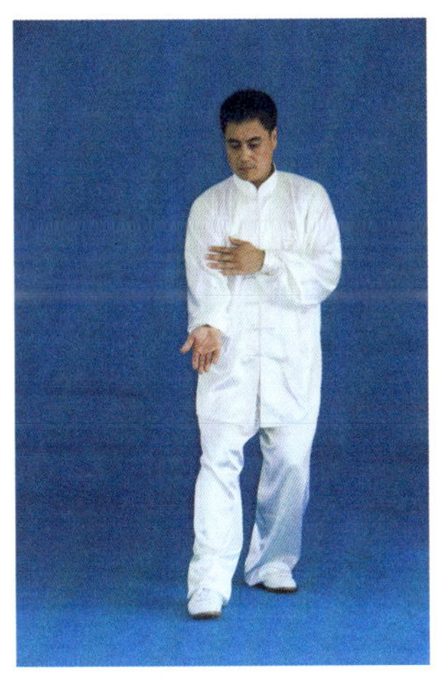

口诀：提右腿上步，带右手向前，左手合于右大臂下方。

定式要求：左脚尖正前方，身体与左脚尖方向一致。右手臂斜向下45°于右脚上方；左手指贴于右大臂下方，指尖向右。

口诀：下沉，右小臂上抬。

定式要求：身体正前与左脚尖方向一致；右小臂斜向上45°，左手不变。

口诀：微前倾，左手贴身翻掌，右手微里合。

定式要求：身体正前与左脚尖方向一致；右小臂垂直于地面，左手空间位置不变，掌心向上，手指贴右手肘关节。

口诀：下沉，双手放松下落，收右脚。

定式要求：身体正前方。掌背贴于右膝，指尖与膝平；左手掌心平向上于腹前。

口诀：提右膝，右手由掌变拳上提。

定式要求：身体左前与左脚尖成22.5°。右肘与右膝合，右拳背与左脚尖方向一致；右脚自然下垂；左手位置不变。

口诀：震脚砸拳。

定式要求：身体与脚尖方向一致，双脚平行与肩同宽；重心在中间。右拳背贴左掌心，拳心掌心向上。

5.2.38 收势

口诀：人下沉，双手向身体两侧拉开，掌心相对。

口诀：人起来，双手向两侧拉至肩平，掌心向下。

口诀：人下沉，双手翻掌心向上，划弧至头顶，掌心相对。

口诀：继续下沉，松肩，松肘，开胸，两肘向两侧打开，双手指尖相对至胸前。

口诀：继续下沉带双手下按，人起来，双手继续向下按至腹前。

口诀：收腹，下沉，双手下落至掌心向里，胸腔膨胀，双手向两侧拉开。

口诀：移重心到右腿，下沉，含胸，双手向前划弧，收左脚，放松，两手慢慢收拢至小腹部。

口诀：人慢慢站起来，双手自然回于身体两侧，放松。

本章测试题

简答题

1. 简述太极拳教练员在检验动作时应该注意的问题。
2. 如何理解“1234”教学法。

第 6 章

运动损伤

本章提要

在实际的太极拳教学过程中，教练员掌握一定的运动损伤处理知识，是十分必要的。本章介绍了运动损伤的分类、原因和预防原则，要求教练员掌握运动损伤的急救原则和注意事项，以及常见运动损伤的详细处理方法。

6.1 运动损伤概述

在运动过程中及运动之后受机械性和物理性方面因素所产生的，造成人体组织或器官在解剖上的破坏或生理上的紊乱，称为运动损伤。损伤部位与运动项目以及专项技术特点有关。如体操运动员受伤部位多是腕、肩及腰部，与体操运动中的支撑、转肩、跳跃、翻腾等技术有关。网球肘多发生于网球运动员与标枪运动员。对运动健身过程中损伤的发生原因、治疗方法、康复方法、预防措施有一定了解，对于防止损伤发生，加快损伤修复，改进训练方法和技术动作，促进锻炼者身心健康水平的提高具有重要意义。

6.1.1 运动损伤的分类

运动损伤的分类方法很多，概括起来有以下几种：

1. 按损伤组织的种类分类

肌肉肌腱损伤、滑囊损伤、关节囊和韧带损伤、关节脱位、内脏损伤、脑震荡、神经损伤、骨折等。

2. 按损伤机制分类

烧伤、冻伤、溺水等。

3. 按有无创口与外界相通分类

（1）开放性损伤。伤部皮肤或黏膜破裂，创口与外界相通，有组织液渗出或血液自创口流出，称为开放性损伤，如擦伤、刺伤等。

（2）闭合性损伤。伤部皮肤或黏膜完整，无创口与外界相通，损伤后的出血积聚在组织内，称为闭合性损伤，如关节韧带扭伤、肌肉拉伤、内脏破裂等。

4. 按发病的缓急分类

（1）急性损伤。瞬间遭受直接或间接暴力而造成的称为急性损伤，其发病急，病程短，症状骤起。

（2）慢性损伤。因局部长期负担过度，由反复微细损伤累积而成的称为慢性损伤，其发病缓慢，症状渐起，病程较长。此外，还可因急性损伤处理不当或过早运动而转变为慢性损伤。

6.1.2 运动损伤的原因

1. 基本原因

（1）思想上不够重视。运动损伤的发生，常与教练员和锻炼者对预防运动损伤的意义认识不足以及缺乏预防知识有关。教练员与锻炼者大多存在某些片面认识，不重视运动安全，思想上麻痹大意，在运动健身过程中没有积极采取各种有效的预防措施。发生运动损伤后，若不认真分析原因，吸取教训，则会导致运动损伤时有发生。

（2）缺乏充分的准备活动。准备活动的目的是提高中枢神经系统的兴奋性，增强各器官系统的代谢水平，使人体从相对的静止状态过渡到活动状态。据国内有关调查资料分析，缺乏准备活动或准备活动不合理，是造成运动损伤的首位或第二位的原因。

（3）技术上的错误。技术动作的错误，违反了人体结构功能的特点及运动时的力学原理而造成损伤，这是初参加运动健身的人或学习新动作时发生损伤的主要原因。

（4）运动负荷过大。安排运动负荷时，不遵守循序渐进、系统性和个别对待的原则，没有充分考虑到锻炼者的生理特点，运动负荷超过了锻炼者可以承受的生理负荷量，尤其是局部负荷过大，引起损伤。

（5）身体功能和心理状态不良。在睡眠或休息不好、患病受伤或伤病初愈阶段，以及疲劳时，肌肉力量、动作的准确性和身体的协调性都会出现下降，警觉性和注意力减退，反应较迟钝，此时如果参加剧烈运动或练习较难动作，就可能发生损伤。

（6）场地设备的缺陷。运动场地不平；器械维护不良或年久失修，表面不光滑或有裂缝；器械安装不牢固或安放位置不妥当，器械的结构不符合锻炼者的个体特点；缺乏必要的防护用具；运动时的服装和鞋袜不符合运动卫生要求等。

（7）不良气象的影响。气温过高易引起疲劳和中暑，气温过低易导致肌肉僵硬、身体协调性降低而引起肌肉韧带损伤；潮湿高热易引起大量出汗，发生肌肉痉挛或虚脱；光线不足，能见度差，影响视力，使兴奋性降低和反应迟钝而导致受伤。

2. 诱因

（1）不同运动的不同技术特点。由于各项运动项目都有自己的技术特点，人体各部位的负担量不尽相同，因此，各运动项目都有其导致人体的易伤部位。

（2）解剖生理特点。身体不同组织在结构上较为薄弱，或在某个角度时比较薄弱。

6.1.3 运动损伤的预防原则

运动损伤的种类虽然很多，但只要遵循一定的预防原则，就可以避免或减少运动损伤的发生。

1. 积极进行预防运动损伤的宣传教育工作

教练员应当对锻炼者进行经常性和针对性的宣传教育，普及预防运动损伤的知识，使安全运动的观念深入锻炼者内心。

2. 遵守体育锻炼系统性和循序渐进的一般原则

对不同性别、年龄、健康状况的锻炼者，都要区别对待。如果不加以区别地给予同样的运动量与强度，身体素质较差的锻炼者难免受伤。

3. 注重拉伸练习

拉伸练习是有目的地将肌肉和软组织在运动前、中、后进行拉伸，使被拉伸的肌肉或软组织得到充分的放松，这有利于肌肉的疲劳恢复，防止肌肉的拉伤，保持肌肉的弹性，避免造成运动技术的僵硬和变形。准备活动时的拉伸练习主要采用主动性的拉伸训练以降低肌肉和软组织的内部黏性，增加弹性，提高肌肉温度，预防运动中的肌肉拉伤。训练后的拉伸练习则是放松僵硬疲劳的肌肉，加速肌肉内部的代谢产物的排出，减少肌肉的酸痛，尽快恢复体能，主要采用静力拉伸。

4. 加强运动中的保护与帮助

为避免可能发生的损伤，教练员应当加强对锻炼者的保护，特别是在做某些大负荷，或不稳定状态下的动作时进行保护，同时也应当教会锻炼者基本的自我保护的方法。

5. 加强预防运动损伤的功能锻炼

加强易伤部位和相对较弱部位的训练，提高它们的功能，是预防运动损伤的一种积极手段。例如，为了预防腰部损伤，应加强核心肌群的力量训练，并增强其力量和控制能力。

6. 重视小肌群训练

人体的肌肉分为大小肌群，小肌群一般起固定关节的作用。一般的练习往往注重大肌群而忽视小肌群的练习，造成肌肉力量的不均衡，增加了运动时受伤的概率。

7. 创造锻炼的安全环境

健身器材、设备、场地等在锻炼前，都应进行严格的安全检查。

6.2 运动损伤的急救

6.2.1 急救的意义、原则和注意事项

急救是对意外或突然发生的伤病事故进行紧急的临时性处理。目的是保护伤员的生命安全，避免再度伤害，减轻伤员痛苦，预防并发症，并为伤员的转运和进一步治疗创造条件。因此，无论何种急性损伤，做好现场急救都十分重要。

急救时必须抓住主要矛盾，救命在先，做好休克的防治。骨折、关节脱位、严重软组织损伤或合并其他器官损伤时，伤员常因出血、疼痛而发生休克。在现场急救时，要注意预防休克，若发生休克，必须优先抢救。急救必须分秒必争，力求迅速、准确、有效，做到快救、快送医院处理。

救护人员的态度要和蔼可亲，语言亲切；要有高度的责任感；要保持镇静，切不可惊慌失措或顾此失彼，即使出现危急情况也应镇静地有条不紊地进行抢救工作；急救技术要力求熟练快速。经急救处理后，应陪伴伤员到医院，并向医生介绍发病情况和急救经过。

6.2.2 运动损伤的急救方法

1. 包扎法

包扎可用固定夹板或敷料，有限制伤肢活动，避免加重伤情；保护创口，预防或减少感染；支持伤肢，使之保持舒适的位置，减轻疼痛和压迫止血，防止或减轻肿胀等多种作用。包扎时，动作要柔和熟练，包扎的松紧度应适中，过紧会妨碍血液循环，过松则起不到包扎的作用；绷带包扎要从伤部远端开始，包扎结束时，绷带末端要用胶布黏合固定或将绷带末端留下一段，纵向剪开缚结固定，但缚结不要在伤口处。

（1）绷带包扎法。要根据包扎部位的形态特点，采用不同的包扎方法。

（2）环形包扎法。环形包扎法用于包扎肢体粗细均匀的部位，如手腕、小腿下部

和额部等，同时也是其他包扎法的开始或结束时使用的包扎法。包扎时，先张开绷卷带，把带头斜放在伤肢上并用拇指压住，将卷带绕肢体一圈后，再将带头的一个小角反折，然后继续绕圈包扎，每圈都盖住第一圈，包扎 3 ~ 4 圈即可。

（3）螺旋形包扎法。螺旋形包扎法用于包扎肢体粗细相差不大的部位，如上臂、大腿下部等。包扎时先做 2 ~ 3 圈环形包扎，然后将绷带向上斜形缠绕，每圈都盖住前一圈的 1/3 ~ 1/2。

（4）反折螺旋形包扎法。反折螺旋形包扎法用于包扎肢体粗细相差较大的部位，如前臂、小腿、大腿等。包扎时，先做 2 ~ 3 圈环形包扎后，用左拇指压住绷带上缘，将绷带向下反折，向后绕并拉紧绷带，每圈反折一次，后一圈压住前一圈的 1/3 ~ 1/2，反折处不要在创口或骨突上。

（5）“8”字形包扎法。“8”字形包扎法多用于包扎肘、膝、踝等关节处。方法有二：一是先在关节处做几圈环形包扎，再将绷带斜形环绕，一圈在关节上方缠绕，一圈在关节下方缠绕，两圈在关节凹面相交，反复进行，逐渐离开关节，每圈压住前一圈的 1/3 ~ 1/2，最后在关节上方或下方做环形包扎结束。二是先在关节下方做几圈环形包扎后，将绷带由下而上，再由上而下地来回做“8”字形缠绕，使相交处逐渐靠拢关节，最后做环形包扎结束。

（6）前臂悬挂法

1）大悬臂带。大悬臂带常用于除锁骨和肱骨骨折以外的其他上肢损伤。将三角巾的顶角置于伤肢的肘后，一底角拉向健康侧肩上，伤肢屈肘 90°，前臂放在三角巾的中央，再将三角巾的另一底角向上翻折并包住前臂，两底角在颈后打结。最后拉直顶角并向前折回，用胶布粘贴固定。

2）小悬臂带。小悬臂带常用于肱骨或锁骨骨折。先将三角巾折叠成约 4 横指宽的宽带，也可用宽绷带或软布带代替。将宽带的中间至于前臂下 1/3 处，屈肘 90°，宽带的两端在颈后打结。

2. 止血法

止血方法一般有以下几种。

（1）直接压迫止血法。直接按压出血位置，紧急时可先在出血的大血管处或稍近端用手指加压止血，然后再更换其他方法。

（2）动脉行径按压法

1）头顶、额部和颞部出血，用拇指或食指在伤侧耳前对着下颌关节用力压迫颞浅动脉。

2）面部出血用拇指、食指或中指压迫双侧下颌角前的凹陷处，在此处压迫明显搏动的面动脉即可止血。由于面动脉在面部有很多小分枝相互交叉，即使一侧面部出血也要压迫双侧面动脉。

3）一侧耳后出血，用拇指压迫同侧耳后动脉。

4）头后部出血，用两只手的拇指压迫耳后与枕骨粗隆之间的枕动脉搏动处。

5）颈部出血，用大拇指压迫同侧气管外侧与胸锁乳突肌前缘中点强烈搏动的颈总动脉向后、向内第5颈椎横突处压下。此法仅用于非常紧急情况，压迫时间不宜过长，更不能同时压迫两侧颈动脉，否则有可能引起脉搏减慢、血压下降甚至心搏骤停。

6）腋窝和肩部出血，用拇指压迫同侧锁骨上窝中部的锁骨下动脉搏动点，用力方向为向下、向后。

7）上肢出血，用四指压迫腋窝部搏动强烈的腋动脉，将它压向肱骨以止血。

8）前臂出血，用手指压迫上臂肱二头肌内侧的肱动脉处。

9）手掌、手背出血，用两手拇指分别压迫于腕的尺动脉和桡动脉搏动处止血。

10）手指或脚趾出血，用拇指、食指分别压迫手指或脚趾两侧的动脉。

11）下肢出血，用拇指、单或双手掌根向后、向下压住跳动的股动脉。

12）小腿出血，一手固定膝关节正面，另一手拇指摸到腘窝处跳动的腘动脉，用力向前压迫即可止血。

3. 填塞法

对于深部伤口（如肌肉、骨端等）出血，一定要用大块纱布条、绷带等敷料填充其中，外面再加压包扎以防止血液沿组织间隙渗漏。注意不要将伤裂的皮肤组织、脏物一起塞进去，所用的填塞物一定要尽量无菌或干净并且应使用大块的敷料以便既能保障止血效果，又能尽可能避免在随后进一步的处理时遗漏填塞物在伤口内。此法的缺点是止血不甚彻底，且易增加感染机会。

4. 加垫屈肢止血法

适用于单纯加压包扎止血无效和无骨折的四肢出血，即前臂出血时在肘窝部加垫、屈肘。上臂出血时，在腋窝内加垫上臂紧靠胸壁；小腿出血时在腘窝加垫，屈膝；膝或大腿出血时，在大腿根部加垫，屈髋。然后用三角巾或绷带将位置固定。由于此法对伤员造成的痛苦较大，不宜首选，疑有骨折时忌用此法。

5. 钳夹法

用止血钳直接钳夹出血点，最有效、最彻底、损伤最小，建议尽量采用。但需要一定的器械与技术。同时，盲目钳夹有可能损伤并行的血管、神经或其他重要组织，转运搬动时有可能松脱或撕裂大血管。因此，此法必须在直视下准确施行，同时做好有效的固定。

6. 止血带止血法

止血带能有效地控制四肢出血，但损伤最大，可致肢体坏死、急性肾功能不全等严重并发症，故应尽量少用。主要用于暂不能用其他方法控制的四肢大血管损伤性出血。

6.2.3 RICE原则

一般情况下，脚踝扭伤、韧带拉伤等急性运动损伤都可以按照RICE原则来进行救护。

R（Rest）代表休息，表示在受伤部位疼痛停止之前不能进行运动，也尽可能不让受伤部位负重。

I（Ice）代表冰敷，将伤处冰敷15分钟，然后休息15分钟，反复多次，第一时间没有条件进行冰敷可以用冷水冲，每次持续4 ~ 5分钟，多冲几次。冰敷和冷敷可以刺激血管收缩，让组织液减少，从而达到减轻肿胀和止血的效果。

C（Compression）代表加压包扎，通过包扎实现伤处的制动，使其更为稳定。但是也不要包扎太紧，以免阻碍血液循环，不利于伤处恢复。

E（Elevation）代表抬高，可以尽量让伤处高于心脏部位。坐卧的时候都可以在损伤部位下方放几个枕头，有利于减轻肿胀。

6.3 常见运动损伤的处理

6.3.1 肌肉拉伤

肌肉拉伤是肌肉、肌腱或其周围软组织受到过度的牵引而引起的损伤。常见于缝匠肌、腓肠肌、股四头肌、髋关节屈肌、髋关节内收肌、背肌、三角肌和肩袖肌群等。

1. 病因

在体育运动中，由于准备活动不当，某部肌肉的生理机能尚未达到适应运动所需的状态；训练水平不够，肌肉的弹性和力量较差；疲劳或过度负荷，使肌肉的机能下降，力量减弱，协调性降低；错误的技术动作或运动时注意力不集中，动作过猛或粗暴；气温过低湿度太大，场地或器械的质量不良等都会引起肌肉拉伤。

2. 主要症状

（1）一级（轻度）。局部疼痛，用力时加重，力量有轻微下降，局部轻微肿胀、淤

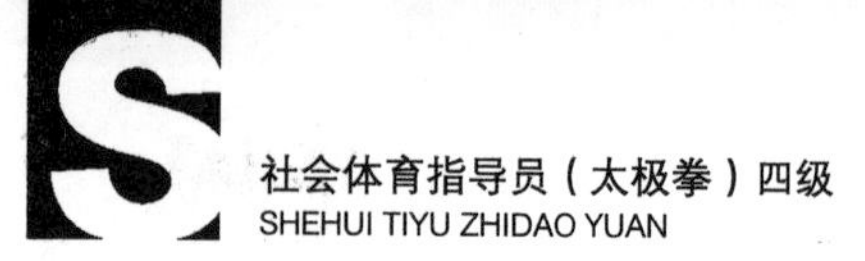

血和压痛。

（2）二级（中度）。除有上述症状外，程度上严重一些，肌肉力量明显下降。

（3）三级（重度）。肌肉功能丧失，在肌肉上能触摸到凹陷。

3. 处理

肌纤维轻度拉伤及肌痉挛者，用针刺疗法会取得显著疗效。肌纤维部分断裂者，早期用冷敷、加压包扎，还要把患肢放在使受伤肌肉松弛的位置以减轻疼痛。48 小时后开始按摩，手法要轻缓。经过初期冷敷治疗后，可以外敷。怀疑有肌肉、肌腱完全断裂者，应在局部加压包扎、固定患肢后，立即送往医院就诊，必要时接受手术治疗。

6.3.2 肩袖损伤

肩袖是覆盖于肩关节前、上、后方之肩胛下肌、冈上肌、冈下肌、小圆肌等肌腱组织的总称。肩袖位于肩峰和三角肌下方，与关节囊紧密相连。肩袖的功能是上臂外展过程中使肱骨头向关节盂方向拉近，维持肱骨头与关节盂的正常支点关节。肩袖损伤将减弱甚至丧失这一功能，严重影响上肢外展功能。肩袖损伤，系指肩袖肌腱和肩峰下滑囊的创伤性炎症。本病常发生在需要肩关节极度外展的反复运动中。健身运动中，若肩部负担过重或者错误动作也会造成肩袖损伤。

1. 病因

（1）创伤是年轻人肩袖损伤的主要原因，当跌倒时手外展着地或手持重物，肩关节突然外展上举或扭伤而引起。

（2）血供不足引起肩袖组织退行性变。当肱骨内旋或外旋中立位时，肩袖的这个危险区最易受到肱骨头的压迫、挤压血管而使该区相对缺血，使肌腱发生退行性变。临床上肩袖完全断裂大多发生在这一区域。

（3）肩部慢性撞击损伤。中老年患者的肩袖组织因长期遭受肩峰下撞击、磨损而发生退变。本病常发生在需要肩关节极度外展的反复运动中（如棒球、仰泳和蝶泳，举重，球拍运动）。当上肢前伸时，肱骨头向前撞击肩峰与喙肩韧带，引起冈上肌肌腱损伤。慢性刺激可以引起肩峰下滑囊炎、无菌性炎症和肌腱侵袭。急性的暴力损伤可以导致旋转带断裂。

2. 主要症状

急性肩袖损伤后，疼痛多在肩外侧，部分病例疼痛向三角肌止点或颈部放射，不少患者的疼痛在夜间加剧。肩关节活动受限，主动或被动地使上臂外展至 60° ~ 120°

角间或内外旋转时疼痛，但继续外展超过120°角后或用力牵拉上臂后再开始外展时，疼痛常可缓解或消失。当上臂从180°角上举位放下时，同样也在60°～120°角间出现疼痛，小于60°角后疼痛缓解或消失，即出现所谓“痛弧”，这是肩袖损伤尤其是冈上肌损伤的重要征象。

3. 处理

急性期上臂置于外展30°位置，适当休息，理疗、针灸、按摩、外敷中药均有效，急性期暂停运动。急性期后，逐渐开始做肩关节下垂放松的回环、旋转及举臂等活动。症状完全消失后，可向多个方向做负重练习，但应避免引起疼痛的动作。少数肩袖肌腱断裂者，经合理治疗后，3个月以上才能参加正规锻炼。加强肩袖肌群力量，增加肩关节稳定性是预防肩袖损伤最重要的方法。

6.3.3 腰部扭伤

急性腰扭伤是腰部肌肉、筋膜、韧带等软组织因外力作用突然受到过度牵拉而引起的急性撕裂伤，常发生于搬抬重物、腰部肌肉强力收缩时。急性腰扭伤可使腰骶部肌肉的附着点、骨膜、筋膜和韧带等组织撕裂。

1. 病因

腰是人体活动的枢纽，脊柱两旁的肌肉是腰部活动的动力结构和保持脊柱稳定的主要因素。因此，在体育运动和日常劳动与生活中，腰部遭受外伤的机会较多，且多见于青壮年。急性腰部扭伤的常见原因包括：负荷重量过大，强行用力提举重物，超过了脊柱肌肉的负荷能力，肌肉突然剧烈收缩，使肌肉、小关节韧带受累；运动时重心不稳，为了维持平衡，肌肉同样会剧烈收缩，引起关节韧带和肌肉的损伤；脊柱过度前屈，突然转体，脊柱超常范围运动而扭伤；技术动作错误，腾空落地收腹过猛等都会使腰部受伤。

2. 主要症状

患者伤后立即出现腰部疼痛，呈持续性剧痛，次日可因局部出血、肿胀、腰痛更为严重；也有的只是轻微扭转一下腰部，当时并无明显痛感，但休息后次日感到腰部疼痛。腰部活动受限，不能挺直，俯、仰、扭转感困难，咳嗽、喷嚏、大小便时可使疼痛加剧。站立时往往用手扶住腰部，坐位时用双手撑于椅子，以减轻疼痛。腰肌扭伤后一侧或两侧当即发生疼痛；有时可能受伤后半天或隔夜才出现疼痛、腰部活动受阻，静止时疼痛稍轻、活动或咳嗽时疼痛较甚。检查时局部肌肉紧张、压痛及牵引痛明显，但无瘀血现象。

3. 处理

伤后初期宜仰卧于有垫子的木板床短期休息，腰部垫一薄枕以便放松腰肌；也可以与俯卧位交替，避免受伤组织再受牵扯，以便恢复。轻度扭伤休息 2 ~ 3 天，较重扭伤需休息 1 周左右。伤后 48 小时后可进行穴位按摩，手法强度应使患者有较强的酸麻胀感为宜。外贴活络止痛膏，内服活络止痛膏，拔罐疗法、针灸疗法、理疗等也均有较好的疗效。

6.3.4 腰椎间盘突出症

腰椎间盘突出症是临床上较为常见的腰部疾病，也是骨伤科的常见病。

1. 病因

腰椎间盘突出症主要是因为腰椎间盘各部分，尤其是髓核有不同程度的退行性改变后，在外界因素的作用下椎间盘的纤维环破裂，髓核组织从破裂之处突出于侧后方或椎管内，导致脊神经根、脊髓等遭受刺激或压迫从而产生腰部疼痛，下肢麻木疼痛等系列临床症状。引起腰椎间盘突出症的原因主要是腰椎间盘的退行性改变：髓核的退行性改变主要表现为含水量的降低，并可因失水引起椎间盘失稳松动；纤维环的退行性改变主要表现为坚韧程度降低；长期反复的外力造成的轻微损害日积月累地作用于腰椎间盘，加重了退行性改变的程度。

2. 主要症状

（1）腰痛。腰痛是大多数患者最先出现的症状，发生率约 91%。由于纤维环外层及后纵韧带受到髓核刺激，经窦椎神经而产生下腰部感应痛，有时可伴有臀部疼痛。

（2）下肢放射痛。虽然高位腰椎间盘突出（腰 2—3、腰 3—4）可以引起股神经痛，但临床少见，不足 5%。绝大多数患者是腰 4—5、腰 5—骶 1 间隙突出，表现为坐骨神经痛。典型坐骨神经痛是从下腰部向臀部、大腿后方、小腿外侧直到足部的放射痛，在喷嚏和咳嗽等腹压增高的情况下疼痛会加剧。放射痛的肢体多为一侧，仅极少数中央型或中央旁型髓核突出者表现为双下肢症状。坐骨神经痛的原因有三：①破裂的椎间盘产生化学物质的刺激及自身免疫反应使神经根发生化学性炎症；②突出的髓核压迫或牵张已有炎症的神经根，使其静脉回流受阻，进一步加重水肿，使得对疼痛的敏感性增高；③受压的神经根缺血。上述三种因素相互关联，互为加重因素。

3. 处理

腰椎间盘突出症首选物理治疗，方法众多，如按摩推拿、牵引、针灸、火罐等，甚至单纯卧床休息也是一种传统而有效的治疗方法。预防腰椎间盘突出症重在加强核心肌群力量与稳定性，运动健身时，尤其是在完成腰部动作时要注意动作的正确。

6.3.5 膝关节（半月板）损伤

膝关节损伤常见于体育运动中的接触性或非接触性损伤，包括膝关节半月板损伤、膝关节韧带损伤（两者常合并发生）、髌骨脱位肌腱断裂等一系列损伤性疾病。在太极拳运动中，以半月板损伤最为常见。

半月板损伤是一种以膝关节局限性疼痛，部分患者有打软腿或膝关节交锁现象，股四头肌萎缩，膝关节间隙固定的局限性压痛为表现的主要疾病。

1. 病因

半月板损伤多由扭转外力引起。当一腿承重，小腿固定在半屈曲、外展位时，身体及股部猛然内旋，内侧半月板在股骨髁与胫骨之间受到旋转压力，而致半月板撕裂。如扭伤时膝关节屈曲程度越大，撕裂部位越靠后。外侧半月板损伤的机制相同，但作用力的方向相反。破裂的半月板如部分滑入关节之间，使关节活动发生机械障碍，妨碍关节伸屈活动，形成“交锁”。在严重创伤病例，半月板、十字韧带和侧副韧带可同时损伤。半月板损伤的部位可发生在半月板的前角、后角、中部或边缘部。损伤的形状可为横裂、纵裂、水平裂或不规则形，甚至破碎成关节内游离体。

2. 主要症状

多数有明显外伤史。急性期膝关节有明显疼痛、肿胀和积液，关节屈伸活动障碍。急性期过后，肿胀和积液可自行消退，但活动时关节仍有疼痛，尤以上下楼、上下坡、下蹲起立、跑、跳等动作时疼痛更明显，严重者可跛行或屈伸功能障碍，部分病人有交锁现象，或在膝关节屈伸时有弹响。

3. 处理

（1）急性期。如关节有明显积液（或积血），应在严格无菌操作下抽出积液；如关节有“交锁”，应用手法解除“交锁”，然后用上自大腿上 1/3 下至踝上的管型石膏固定膝关节于伸直位 4 周。石膏要妥为塑型，病人可带石膏下地行走。在固定期间和去除固定后，都要积极锻炼股四头肌，以防肌肉萎缩。

（2）慢性期。如经非手术治疗无效，症状和体征明显，诊断明确，应及早手术切除损伤的半月板，以防发生创伤性关节炎。术后伸膝位加压包扎，次日开始做四头肌静止性收缩练习，2 ～ 3 天后开始做直腿抬高运动，以防股四头肌萎缩，两周后开始下地行走，一般在术后 2 ～ 3 个月可恢复正常功能。

6.3.6 踝关节扭伤

踝关节是人体在运动中首先与地面接触的主要负重关节，也是日常生活和体育运动中较易受损伤的关节之一。踝关节周围韧带（包括内侧韧带、外侧韧带、下胫腓韧带等）在保持踝关节的稳定性中发挥了重要的作用，因而也较易受到损伤。

1. 病因

踝关节的外侧韧带较为薄弱，外踝比内踝长，距骨的前宽后窄，踝关节跖屈时距骨最窄的部分位于踝穴内，致使骨性稳定性降低，且司踝关节内翻的肌肉力量大于外翻肌肉力量，上述解剖及生理因素决定了踝关节容易在跖屈内翻位发生扭伤，因而外侧韧带的受损最为常见。少数情况下，踝关节于外翻位发生内踝三角韧带的损伤。严重情况下，可合并下胫腓联合的损伤。

踝关节韧带损伤根据严重程度可以分为三度：Ⅰ度，轻微韧带拉伤，轻微肿胀和压痛，无不稳定，几乎无功能丧失。Ⅱ度，韧带部分撕裂，肿胀和压痛明显，轻到中度不稳定。Ⅲ度，韧带完全断裂，严重肿胀和压痛，功能丧失，显著不稳定。

2. 主要症状

患者于扭伤后迅即出现扭伤部位的疼痛，随后出现肿胀及皮肤瘀斑。严重者患足因为疼痛肿胀而不能活动。外踝扭伤时，患者在尝试行足内翻时，疼痛症状加剧。内侧三角韧带损伤时，患者在尝试行足外翻时，疼痛症状加剧。

3. 处理

急性踝关节扭伤通常采用保守治疗，原则为 RICE。于损伤初期严格遵守这一原则，并辅以理疗以促进消肿。3 周内采用支具或护具进行相对制动和保护，尽量避免负重，可在非负重情况下积极活动足趾及行小腿肌肉的等长收缩，以促进消肿。急性期过去后，可逐步开始主动全范围活动度锻炼、负重，在斜行板上锻炼本体感觉，加强腓骨肌力量，以增强踝关节的稳定性，避免遗留有踝关节不稳日后再次发生扭伤。关于 III 度损伤的治疗存在一些争议，目前仍推荐采用非手术治疗方法。虽然一些专家强调一期修复撕裂的韧带可以获得更好的效果，但针对手术和保守治疗效果的大量比较研究表明，手术治疗效果不一定比保守治疗好。

6.3.7 心肺复苏术

心肺复苏术是心跳、呼吸骤停和意识丧失等意外情况发生时，给予迅速而有效的人工呼吸与心脏按压，使呼吸循环重建并积极保护大脑，最终使大脑智力完全恢复。

简单地说，心肺复苏术就是通过胸外按压、口对口吹气，使猝死的病人恢复心跳、呼吸。一般在实施心肺复苏术时，需要完成以下几个步骤：

1. 评估和现场安全

急救者在确认现场安全的情况下轻拍患者的肩膀，并大声呼喊“你还好吗？”检查患者是否有呼吸。如果没有呼吸或者没有正常呼吸（即只有喘息），立刻启动应急反应系统。基本生命支持程序已被简化，把“看、听和感觉”从程序中删除，实施这些步骤既不合理又很耗时间，基于这个原因，“2010心肺复苏指南”强调对无反应且无呼吸或无正常呼吸的成人，立即启动急救反应系统，并开始胸外心脏按压。

2. 启动紧急医疗服务并获取自动体外除颤器

（1）如发现患者无反应无呼吸，急救者应拨打“120”，取来自动体外除颤器（如果有条件），对患者实施心肺复苏术，如需要时立即进行除颤。

（2）如有多名急救者在现场，其中一名急救者按步骤进行心肺复苏术，另一名拨打“120”，取来自动体外除颤器（如果有条件）。

（3）在救助淹溺或窒息性心脏骤停患者时，急救者应先进行5个周期（2分钟）的心肺复苏术，然后拨打“120”。

3. 脉搏检查

对于非专业急救人员，不再强调训练其检查脉搏，只要发现无反应的患者没有自主呼吸就应按心搏骤停处理。对于医务人员，一般以一手食指和中指触摸患者颈动脉以感觉有无搏动（搏动触点在甲状软骨旁胸锁乳突肌沟内）。检查脉搏的时间一般不能超过10秒，如10秒内仍不能确定有无脉搏，应立即实施胸外按压。

4. 胸外按压

确保患者仰卧于平地上或用胸外按压板垫于其肩背下，急救者可采用跪式或踏脚凳等不同体位，将一只手的掌根放在患者胸部的中央，胸骨下半部上，将另一只手的掌根置于第一只手上。手指不接触胸壁。按压时双肘须伸直，垂直向下用力按压，成人按压频率为至少100次/分钟，下压深度至少为125 px，每次按压之后应让胸廓完全回复。按压时间与放松时间各占50%左右，放松时掌根部不能离开胸壁，以免按压点移位。对于儿童患者，用单手或双手于乳头连线水平按压胸骨，对于婴儿，用两手指于紧贴乳头连线下放水平按压胸骨。为了尽量减少因通气而中断胸外按压，对于未建立人工气道的成人，2010年国际心肺复苏指南推荐的按压－通气比率为30∶2。对于婴儿和儿童，双人心肺复苏术时可采用15∶2的比率。如双人或多人施救，应每2分钟或5个周期心肺复苏术（每个周期包括30次按压和2次人工呼吸）更换按压者，并在

5 秒钟内完成转换，因为研究表明，在按压开始 1 ～ 2 分钟后，操作者按压的质量就开始下降（表现为频率和幅度以及胸壁复位情况均不理想）。

胸外按压法于 1960 年提出后曾一直认为胸部按压使位于胸骨和脊柱之间的心脏受到挤压，引起心室内压力的增加和房室瓣的关闭，从而促使血液流向肺动脉和主动脉，按压放松时，心脏则“舒张”而再度充盈，此即为“心泵机制”。但这一概念在 1980 年以后受到“胸泵机制”的严重挑战，后者认为按压胸部时胸膜腔内压增高并平均地传递至胸腔内所有腔室和大血管，由于动脉不萎陷，血液由胸腔内流向周围，而静脉由于萎陷及单向静脉瓣的阻挡，压力不能传向胸腔外静脉，即静脉内并无血液返流；按压放松时，胸膜腔内压减少，当胸膜腔内压低于静脉压时，静脉血回流至心脏，使心室充盈，如此反复。不论“心泵机制”或“胸泵机制”，均可建立有效的人工循环。国际心肺复苏指南更强调持续有效胸外按压，快速有力，尽量不间断，因为过多中断按压，会使冠脉和脑血流中断，复苏成功率明显降低。

5. 开放气道

在 2010 年美国心脏协会心肺复苏术指南中有一个重要改变是在通气前就要开始胸外按压。胸外按压能产生血流，在整个复苏过程中，都应该尽量减少延迟和中断胸外按压。而调整头部位置，实现密封以进行口对口呼吸，拿取球囊面罩进行人工呼吸等都要花费时间。采用 30∶2 的按压通气比开始心肺复苏术能使首次按压延迟的时间缩短。有两种方法可以开放气道，提供人工呼吸：仰头抬颏法和推举下颌法。后者仅在怀疑头部或颈部损伤时使用，因为此法可以减少颈部和脊椎的移动。遵循以下步骤实施仰头抬颏：将一只手置于患儿的前额，然后用手掌推动，使其头部后仰；将另一只手的手指置于颏骨附近的下颌下方；提起下颌，使颏骨上抬。注意在开放气道的同时，应该用手指挖出患者口中异物或呕吐物，有义齿者应取出义齿。

6. 人工呼吸

给予人工呼吸前，正常吸气即可，无须深吸气。所有人工呼吸（无论是口对口、口对面罩、球囊 - 面罩或球囊对高级气道）均应该持续吹气 1 秒以上，保证有足够量的气体进入并使胸廓起伏。如第一次人工呼吸未能使胸廓起伏，可再次用仰头抬颏法开放气道，给予第二次通气。过度通气（多次吹气或吹入气量过大）可能有害，应避免。

实施口对口人工呼吸是借助急救者吹气的力量，使气体被动吹入肺泡，通过肺的间歇性膨胀，以达到维持肺泡通气和氧合作用，从而减轻组织缺氧和二氧化碳潴留。方法为：将受害者仰卧置于稳定的硬板上，托住颈部并使头后仰，用手指清洁其口腔，以解除气道异物，急救者以右手拇指和食指捏紧患者的鼻孔，用自己的双唇把患者的口完全包绕，然后吹气1秒以上，使胸廓扩张；吹气毕，施救者松开捏鼻孔的手，让患者的胸廓及肺依靠其弹性自主回缩呼气，同时均匀吸气，以上步骤再重复一次。对婴儿及年幼儿童复苏，可将婴儿的头部稍后仰，把口唇封住患儿的嘴和鼻子，轻微吹气入患儿肺部。如患者面部受伤则可能妨碍进行口对口人工呼吸，可进行口对鼻通气。深呼吸一次并将嘴封住患者的鼻子，抬高患者的下巴并封住口唇，对患者的鼻子深吹一口气，移开救护者的嘴，并用手将患者的嘴敞开，这样气体可以出来。在建立了高级气道后，每6～8秒进行一次通气，而不必在两次按压间才同步进行（即呼吸频率8～10次/分钟）。在通气时，不需要停止胸外按压。

7. 自动体外除颤

室颤是成人心脏骤停的最初发生的较为常见而且是较容易治疗的心律。对于心室纤维性颤动患者，如果能在意识丧失的3～5分钟内，立即实施心肺复苏术及除颤，存活率是最高的。对于院外心脏骤停患者或在监护心律的住院患者，迅速除颤是治疗短时间心室纤维性颤动的好方法。

本章测试题

一、判断题（请将判断结果填在题后的括号内，正确的填“√”，错误的填“×”）

1. 运动损伤按有无创口与外界相通分类，可分为开放性损伤和闭合性损伤。（　　）

2. 运动损伤的种类虽然很多，但只要遵循一定的预防原则，即可完全避免运动损伤的发生。（　　）

3. 急救时，必须抓住主要矛盾，救命在先，做好休克的防治。（　　）

4. 肩袖损伤，系指肩袖肌腱和肩峰下滑囊的创伤性炎症。（　　）

二、单项选择题（选择一个正确的答案，将相应的字母填入题内的括号中）

1. 以下选项中，不属于运动损伤基本原因的是（　　）。

A. 缺乏充分的准备活动　　B. 不良天气的影响

C. 运动前没有拉伸练习　　D. 场地设备的缺点

2. 以下对包扎法描述正确的是（　　）。

A. 固定夹板，限制伤肢活动　　B. 保护创口，减少感染

C. 支持伤肢，使之保持舒适的位置　　D. 以上选项都正确

3. 反折螺旋形包扎法，用于包扎肢体粗细（　　）的部位。

A. 相差较大　　B. 相差不大　　C. 相对均称　　D. 形状一致

4.（　　）不属于肌肉拉伤的处理方式。

A. 早期冷敷、加压包扎　　B. 48 小时后开始按摩

C. 及时热敷　　D. 情况严重的立即送医院就诊

5. 急性踝关节扭伤，通常采用保守治疗，原则为 RICE。（　　）不属于 RICE 原则。

A. relax（放松）　　B. ice（冷敷）

C. compression（加压包扎）　　D. elevation（抬高患肢）

6.（　　）不属于心肺复苏的处理步骤。

A. 评估和现场安全　　B. 脉搏检查　　C. 胸外按压　　D. 按压人中穴

三、简答题

1. 简述常见运动损伤的种类。
2. 简述常见运动损伤的基本原因。
3. 简述运动损伤的防范原则。
4. 简述运动损伤的急救方法。
5. 什么是 RICE 原则？
6. 简述肌肉拉伤和腰部扭伤的处理方法。

第7章

太极拳英语

本章提要

为了适应太极拳行业的市场化和国际化需要，更好地推广太极拳，太极拳教练员有必要掌握一定的太极拳英语教学能力。本章介绍了太极拳的四级词汇、课堂英语以及相关的太极文化英语。

7.1 词汇（Vocabulary）

《陈氏太极拳图说》	*The Illustrated Canon of Chen Style Taijiquan*
《道德经》	*Daode Jing* (*Tao Te Ching*)
《身法八要》	*Eight Principles of Postures*
《太极拳解》	*Explanation of Taijiquan*
《太极拳论》	*On Taijiquan*
《太极拳使用法》	*Application Methods of Taijiquan*
《太极拳释义》	*The Revealing of Essential Taijiquan*
《太极拳术》	*The Art of Taijiquan*
《太极图说》	*Explanations of Taiji Diagram*
《周易》（或易经）	*Zhouyi;The Book of Changs, Yi or I Ching*
八门劲	the power of eight directions
必修课程	a required course
掤	Peng (warding off)
不解之谜	mystery
不偏不倚	impartiality
採	Cai (pulling down)
缠丝	twining

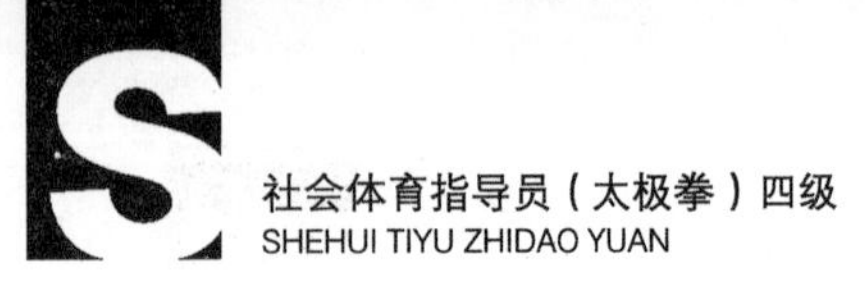

沉着	heavy and steady
撑掌	unfolding palm
抽丝	taking out the thread
丹田	Dantian (pubic region)
弹簧力	springy force
导引术	guidance
道	Tao; Dao
道法自然	Taoism following the nature
顶头悬	suspending the head and relaxing the neck
定	Ding (central equilibrium)
懂劲	comprehending force
动与静	motion and stillness
动中寓静	stillness with motion
中正之说	Notion of Zhong and Zheng (Harmony and Perfe-ction)
肘	Zhou (elbowing)
对立统一	the unity of opposites
耳提面命	whispering into disciples' ears and talking face to face
发劲	discharging force
法道修身	self-cultivation with Tao
法道治国	state-governing by Tao
反者道之动，弱者道之用	The application of Dao is using mildness rather than violence, softness rather than hardness
非圆即弧	either circle or arc
根于脚，主宰于腰，行于手指	rooting with feet, leading with waist, and moving with fingers
顾	Gu (shifting left)
贯串之意	Yi of permeating
国术馆	National Martial Arts Gyms

行云流水	flowing clouds and running water
呼、发、伸、进、起、仰、往、出、放、打、击、刚、动、实、开、升、上、左	breathing out, attacking, extending, advancing, raising, facing upward, going, sending, releasing, hitting,striking, hardness, moving, solidness, opening, lifting, ascending,turning left
进	Jin (advancing)
劲整	integrating force
经络	Jingluo (main and collateral channels)
精神	mind
靠	Kao (body stroke)
历练品格	morality training
挒	Lie (splitting)
螺旋	volution
螺旋缠绕	spiral enwinding
落点（劲点）	attacking points (positions)
捋	Lv (rolling back)
门规戒条	doctrines, regulations and restrictions
内劲潜换	inner power exchanging
内气	Neiqi (inner air)
盼	Pan (shifting right)
偏心距	eccentric distance
平和安静，谦和大度，博爱真诚，感恩包容	gentleness and peace, modesty and generosity, love and sincerity, gratitude and tolerance
平心静气	calming mind
牵一发而动全身	a slight move in one part may affect the whole situation
全国武术锦标赛	Championship of National Martial Arts
散手	San Shou (free sparring)
十大文化脉系	ten major regional cultures

疏通经络	activating channels
宋明理学	Neo-Confucianism
太极拳	Taijiquan;Tai Ji Quan;Tai Chi;Taiji boxing;Shadow boxing
太极拳小架子	the small frame of Taijiquan
天地与我并生，万物与我为一	The nature lives with me in symbiosis, and everything is with me as a whole.
推手	Tui Shou (pushing hands)
退	Tui (retreating)
文追鸿儒，痴迷拳术	versed in polite letters and obsessed with martial arts
吸、蓄、屈、退、落、俯、来、入、收、化、引、柔、静、虚、合、降、下、右	breathing in, storing, bending, retreating, dropping, leaning, coming, entering, holding, dispersing, guiding, softness, quietness, emptiness, closing, falling,descending, turning right
先天气	Xiantianqi (congenital air)
形神共养	cultivating both the mind and the body
旋踝转腿	rotating the ankles and legs
旋腕转膀	rotating the wrists and shoulders
旋腰转脊	rotating the waist and back
延年益寿	keeping longer longevity;longevity prolonging
一着不慎，全盘皆输	one careless move loses the whole game
以意导动	conducting movements with Yi
阴阳学说	Yin-Yang Theory
用法之意	Yi of directions
着熟	be skilled
中国古典哲学	Chinese classical philosophy
中气	Zhongqi (air in internal organs)

中正和谐	Harmony and Perfection
中正之说	Notion of Zhong and Zheng (Harmony and Perfection)
肘	Zhou (elbowing)
姿势	posture

7.2 课堂英语 Classroom English

7.2.1 太极拳讨论名称 Names of Tai Chi form

1. 十三式 Thirteen-form Tai chi

起势	Beginning form
野马分鬃	Ye Ma Fen Zong (Part the Wild Horse's Mane)
背折靠	Bei Zhe Kao (Fold back on)
云手	Yun Shou (Wave hands)
右蹬一根	You Deng Yi Gen (Kick with right heel)
掩手肱拳	Yan Shou Gong Quan (Cover Hand and Arm with Fist)
小擒打	Xiao Qin Da (Small Capture and Strike)
如封似闭	Ru Feng Si Bi (Apparent Close-up; Seeming Close-up)
单鞭	Dan Bian (Single whip)
雀地龙	Que Di Long (The sparrow dilong)
退步跨虎	Tui Bu Kua Hu (Step backwards across the tiger)
金刚捣碓	Jin Gang Dao Dui (Buddha's Warrior Attendant)
收势	Closing Form

2. Nineteen form

起势	Beginning Form
金刚捣碓	Jin Gang Dao Dui (Buddha's Warrior Attendant)
懒扎衣	Lan Zha Yi (Lazy about Tying Coat)
上步斜行	Shang Bu Xie Xing(On the oblique)
初收	Chu Shou (The first harvest)

前堂拗步	Qian Tang Ao Bu (Antechamber and twist step)
青龙出水	Qing Long Chu Shui (Dragon out of the water)
双推手	Shuang Tui Shou (Double Push Hands)
倒卷肱	Dao Juan Gong (Step Back and Whirl Arms)
掩手肱拳	Yan Shou Gong Quan (Cover and Strike)
如封似闭	Ru Feng Si Bi (Apparent Close-up；Seeming Close-up)
云手	Yun Shou (Wave Hands)
高探马	Gao Tan Ma (High Pat on Horse)
右蹬一跟	You Deng Yi Gen (Kick with Left Heel)
左蹬一跟	Zuo Deng Yi Gen (Kick with Left Heel)
左右野马分鬃	Ye Ma Fen Zong (Part the Wild Horse's Mane)
玉女穿梭	Yu Nv Chuan Suo(Fair Lady Throw Shuttles)
金刚捣碓	Jin Gang Dao Dui (Buddha's Warrior Attendant)
收势	Closing Form

7.2.2 授课流程 Teaching Process

Class begins（开始上课，行抱拳礼）

Coach：Good morning/Good afternoon/Good evening/hello everyone! (ceremony)

I'm very honored to have this opportunity to share with you the traditional Chinese martial art，tai chi.

First of all，let me introduce myself. My name is ....I'm from ....

You can call me Ms./Mr. ....

Knowing each other（介绍学员，彼此认识）

Today we have a new member here.She/he is ....Welcome!

Introduce yourself，please!

Warming-up exercise（热身运动）

We've learned three steps forward，let's do it together. Let's follow Mr....

Let's review the last lesson again，staring from beginning form.

Revision and correction（复习纠正）

Just now I saw your performance. Most of you have made a lot of progress.

Congratulations!

Let's review the first movement：three steps forward.

First we have to be clear of the requirement of the posture.

For example，left foot is 45 degree and right foot requires toes forward.

Put weight on left and make sure that your crotch，knee and your foot on the same line.

Put your left hand 4 fingers below the crotch，and right hand three fingers up from your knee.

Keep your hands horizontal and fingers pointing forward.

Learning new movements（教授新课）

Today we are going to learn next routine.

Ok，now follow me.

Interaction（学员互动）

This is the first movement of 3 steps.

Now we can do it in pairs.

Make sure that every posture we must do it according to our requirements and pay attention to the details.

Revision of today's movements（复习讲解）（30 min）

Today we learn the starting position.

Taichi show（集体打拳）

Ok. This is the end of today's class. Now let's do it together.

Thank you and see you next time!

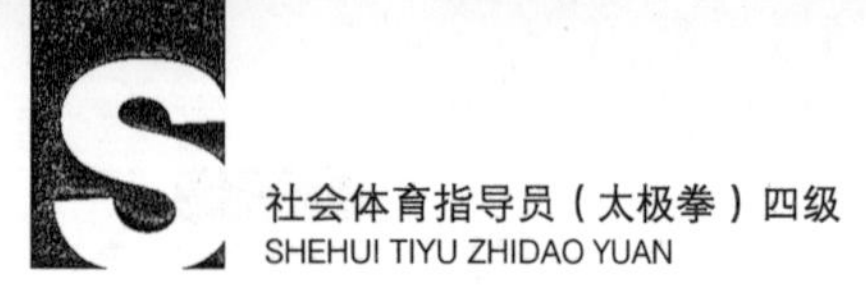

7.3 太极文化 Tai Chi Culture

7.3.1 太极文化介绍 Tai Chi Culture Introduction

1. Tai Chi developed in China in about the 19th century A.D.It started as a martial art or a practice for fighting or self-defense, usually without weapons.

太极拳大概在公元 19 世纪开始发展起来，源于武术或者是徒手自卫防身的练习方法。

2. In Chinese philosophy, yin and yang are two principles or elements that make up the universe and everything in it and that also oppose each other.

在中国的哲学概念里，阴阳是构成宇宙和任何事物对立统一的两方面。

3. In this belief system, people's yin and yang need to be in balance in order for them to be healthy, and tai chi is a practice that supports this balance.

根据这种理念，人们的阴阳之气只有保持平衡才能使身体健康，而太极就是维持这种平衡的一种练习。

4. Many people practice tai chi for health purpose.Tai Chi is widely practiced in China and in other countries with native-Chinese population.

许多人练习太极拳的目的是为了健康，太极拳在中国和其他许多国家被广泛练习。

5. Those who practice Tai Chi are rewarded with improved balance and flexibility, superior breathing, stronger circulatory and lymphatic system, reduced hypertension, pain relief, and a greater overall sense of well-being.

那些练习太极拳的人平衡能力和柔韧性都有所提高，呼吸系统、循环系统和淋巴系统都得到了加强，同时降低了高血压，减少了疼痛。

6. The most famous and popular forms of Tai Chi practiced today are Chen, Yang, Woo and Sun style.

如今练习最普遍，最有名的太极拳是陈、杨、武、吴和孙氏太极拳。

7. The term Tai Chi refers to the ancient Chinese cosmological concept of the interplay between two opposite yet complementary forces (Yin and Yang) as being the foundation of creation.

太极这个术语指的是中国古代宇宙中两个相反又相互作用的力(即阴和阳)的概念。

8. Originally, the art was only taught let members of the Chen clan until a promising young outsider named Yang Luchan was accepted as a student in early part of Nineteenth century.

开始，这项技艺只在陈氏宗族之间互相传播，直到 19 世纪初，一个聪明的外乡人杨露禅的出现（才改变这种状态）。

9. Being rooted in the feet, developed by the legs, directed by the waist transferred through the back and expressed in the hands.

其根在脚，传于腿，经过腰背的转化而形于手。

10. “Falling into emptiness” is analogous to the principle of never using force against force.

“引进落空”类似于不要以力制力的原理。

11. Continue and follow refer to “giving up oneself and following the other” by continuously following the opponent’s movement and changes in order to maintain your connection.

相随也就是“舍己从人”，指的是要根据对手的运动和变化而不断变化以保持黏连。

7.3.2 课外读物 Reading materials

Tai Chi for health

The majority of those who practice tai chi do so mainly for the benefits it gives as an exercise. Relatively few learn it only for its martial aspects. As an exercise, tai chi is suitable for people of all ages, particularly those on wrong side of thirty. The very nature of the art stimulates blood circulation, loosens and limbers up joints and at the same time promotes mental relaxation.

It has been claimed that tai chi, when practiced diligently, will help and even cure certain conditions.Some have reported that the practice of tai chi can produce remissions for organic diseases like tuberculosis and diabetes mellitus, but do not offer any rational explanation as to how this is achieved.Although tai chi would undoubtedly promote health, the more extravagant claims of its therapeutic benefits should be viewed in their correct perspective. These claims should be based upon carefully planned and executed studies and not solely upon the observation of isolated cases.

How would tai chi compare with other forms of exercise? One unique feature is that it promotes mental relaxation.In this it is like yoga and has been described as ‘meditation in motion’. In practicing tai chi the exponent never gets heated up over ‘missing that dame putt’ or losing a game.He is calm and relaxed with all tension of the day eased away.

Tai chi exercises the cardio-pulmonary system, particularly when it is correctly practiced. A half-hour tai chi workout would be equivalent to the exercise benefit derived from a three-hour game of golf.It is, however, a less intensive exercise than either squash or tennis.

One great advantage that tai chi has an exercise is its convenience.Only ten minutes’exercise is all that is required for a practice session.It certainly beats rearranging schedules to fit in a round of golf or even a jogging session! What is more, tai chi can be practiced in a relatively small area, with no special equipment or companion.Your office, bedroom, lounge, patio, garden-just about any open space 15 meters square can be used for the practice of tai chi.It can, therefore, be practiced in your own home, at practically and time, with minimal expense and by yourself. Most important, you will always feel good, relaxed, refreshed and invigorated after a tai chi session.

Tai Chi May Benefit People with Heart Failure

Tai chi exercise may improve quality of life, mood, and exercise self-efficacy (belief in one's own abilities) in people with chronic heart failure, according to a 2011 study funded in part by NCCAM.Tai chi is a mind and body practice that originated in China as a martial art and is used by many people to improve health and well-being.There are many different styles of tai chi, but all involve slow, relaxed, gentle movements, each flowing into the next. Tai chi is sometimes referred to as "moving meditation" —the body is in constant motion, and practitioners focus on posture and deep breathing.This study builds on previous research that has shown that tai chi may be beneficial for people with cardiovascular disease and cardiovascular risk factors.

Researchers at Beth Israel Deaconess Medical Center, Harvard Medical School, Brigham and Women's Hospital, and Massachusetts General Hospital evaluated exercise capacity, quality of life, physical activity, and mood in 100 people with chronic heart failure.The participants were randomly assigned to either a tai chi group, in which members participated in 1-hour tai chi classes twice weekly for 12 weeks, or an education (control) group, in which members participated in classes about coping with heart failure for the same duration and frequency as the tai chi classes.

The researchers found that the participants in the tai chi group had clinically significant improvements in quality of life when compared with the education group.In addition, improvements in mood and an increase in daily activity were seen in the tai chi group participants. However, significant differences were not seen between the tai chi and exercise groups for two exercise capacity measurements—peak oxygen intake and performance on a walking test.

The researchers concluded that tai chi shows promise as a complement to standard medical care for people with chronic heart failure.Further research is needed to better understand how tai chi benefits people with cardiovascular disease, particularly looking at how certain elements of tai chi, including deep breathing and aerobic exercise, may contribute to symptom relief or symptom management.

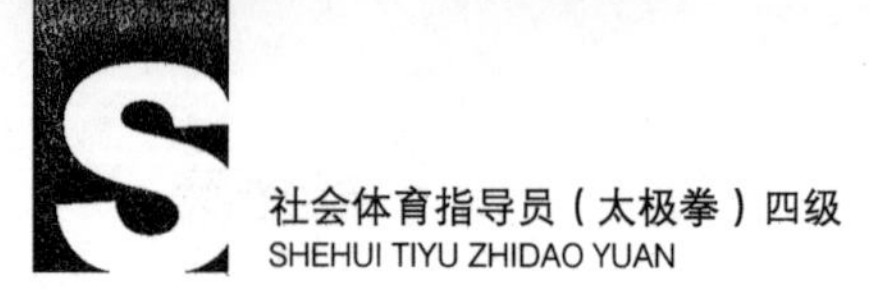

本章测试题

一、判断题（请将判断结果填在题后的括号内，正确的填“√”，错误的填“×”）

1. Chinese philosophy, yin and yang are two principles or elements that make up the universe and everything in it and that also oppose each other. （ ）

2. Many people practice tai chi for health purpose. （ ）

3. “Falling into emptiness” is not analogous to the principle of never using force against force. （ ）

4. People’s yin and yang need to be balance in order for them to be healthy. （ ）

二、单项选择题（选择一个正确的答案，将相应的字母填入题内的括号中）

1. What does “pushing hands” mean?（ ）

A. 云手　B. 推手　C. 散手　D. 刁手

2. Which sentence below is especially used in interaction process?（ ）

A. Now we can do it together

B. Today we learn the starting position

C. Ok.This is the end of today’s class

D. See you next time

3. How to translate “双臂力内旋” in English？（ ）

A. Twist both arms inward　B. Twist both arms outward

C. Turn both hands inside　D. turn both hands outside

4. In about（ ）century, Tai Chi started to develop.

A. 19　B. 18　C. 17　D. 16

三、简答题

1. List five famous and popular forms of Tai Chi.

2. How to translate the sentence “收腹下沉，含胸，带双臂内旋” into English?

3. What is the core principle of health in Tai Chi concept?

理论知识考试模拟试卷及答案

社会体育指导员（太极拳）（四级）理论知识试卷

注 意 事 项

1. 考试时间：90 min。
2. 请首先按要求在试卷的标封处填写您的姓名、准考证号和所在单位的名称。
3. 请仔细阅读各种题目的回答要求，在规定的位置填写您的答案。
4. 不要在试卷上乱写乱画，不要在标封区填写无关的内容。

	一	二	总分
得　分			

得　分	
评分人	

一、判断题（第 1 题 ~ 第 40 题。将判断结果填入括号中。正确的填“√”，错误的填“×”。每题 1 分，满分 40 分）

1. 客户服务质量是指太极拳教练员为学员提供的教学服务，适合和满足学员需要的程度。（　　）
2. 设立明确的教学计划就一定能提高教学质量。（　　）
3. 客户投诉有助于太极拳教学机构及时发现教学和服务中存在的问题。（　　）
4. 培训需求分析是设计员工培训方案的首要环节。（　　）
5. 为员工安排的职务要根据公司的整体规划，不需要考虑员工的性格因素。（　　）
6. 太极拳教练员的教学内容是固定的，一成不变的。（　　）
7. 备课是指太极拳教练员根据太极拳课程标准要求和课程特点，结合学员的具体情况，选择最合适的表达方法和顺序，提前进行一个自我准备的过程。（　　）

8. 太极拳教练员在上课过程中要多讲、多示范，尽量少让学员感到疲劳。（　　）

9. 太极拳教练员不得从背后帮人纠正动作，接触点要少，保持一定距离。（　　）

10. 太极拳教练员的教学总结是对太极拳教学活动的工作总结，用以评价教学质量的好坏，找出教学过程中存在的问题，给出对未来教学活动的建议。（　　）

11. 良好的演讲技巧可以使太极拳教练员更好地与学员、客户交流，建立良好的教学关系。（　　）

12. 演讲更注重临场发挥，所以不用事先确定演讲主题。（　　）

13. 演讲前需要适当演练，做好时间预估和产地设备检查工作。（　　）

14. 演讲时引入简短的案例，可以吸引听众，使演讲更富趣味性。（　　）

15. 演讲者要反复强调演讲的重点内容，加深听众的记忆。（　　）

16. 节节贯穿是太极拳真正的入门阶段。（　　）

17. 节节贯穿要求全身是一个整体，一动全动，不分先后顺序。（　　）

18. 节节贯穿运动可以增加关节的活动度和身体的协调性。（　　）

19. 太极拳所有的动作都要包含虚实变化，做到周身无处不阴阳。（　　）

20. 缠丝就是身体外形的螺旋缠绕运动。（　　）

21. 缠丝劲也需要准确性。（　　）

22. 太极拳的自传和公转运动，都是以身体中轴线为圆心，做出的各种不同方向的弧线运动。（　　）

23. 腰胯带手就是在腰胯的带动下，梢节放松不用力，随身体而动。（　　）

24. 内气的引动和鼓荡，必须依附先天和后天之精气作为物质基础。（　　）

25. 太极拳是通过人体特定的姿势和意念的引导，而逐渐产生内气的。（　　）

26. 太极拳的练习过程一共分为六个阶段，循序渐进、相辅相成、循环往复、缺一不可。（　　）

27. 放松就是身体各部位尽可能地不用力，从而使全身肌肉松下来。（　　）

28. 在太极拳的练习过程中，松和沉是相辅相成的，缺一不可。（　　）

29. 内劲和内气是两个概念，彼此之间没有关系。（　　）

30.《易经》是一部论“变”的书籍，核心思想是“天人合一”。（　　）

31. 在运动过程中及运动之后受机械性和物理性方面因素所产生的，造成人体组织或器官在解剖上的破坏或生理上的紊乱，称为运动损伤。（　　）

32. 运动损伤的发生与缺乏准备活动、场地设备的缺陷以及不良天气都有关系。（　　）

33. 准备活动时的拉伸练习能降低肌肉和软组织的内部黏性，增加弹性，提高肌肉温度，预防运动中的肌肉拉伤。 (　　)

34. 急救是对意外或突然发生的伤病事故，进行紧急的专业性、综合性处理。 (　　)

35. 一般情况下，脚踝扭伤、韧带拉伤等在内的急性运动损伤都可以按照 RICE 原则来进行救护。 (　　)

36. “Rooting with feet, leading with waist，and moving with fingers”是“牵一发而动全身”的意思。 (　　)

37. 起势的英语表达是“Beginning Form。” (　　)

38. “Abdomen in and sink”的意思是收腹下沉。 (　　)

39. In Chinese philosophy，yin and yang are two principles or elements that make up the universe and everything in it and that also oppose each other. (　　)

40. The most famous and popular forms of Tai Chi practiced today are Chen, Yang, Woo and Sun style. (　　)

得　分	
评分人	

二、单项选择题（第 1 题 ~ 第 60 题。选择一个正确的答案，将相应的字母填入题内的括号中。每题 1 分，满分 60 分）

1.（　　）是一种以客户为导向的价值观，是根据客户本人的喜好，提供满足其需要的所有活动以及要素的总和。

A. 服务　　B. 客户服务质量

C. 教学服务　　D. 客户服务

2. 太极拳教练员职业工作的关键是（　　）。

A. 客户服务质量　　B. 教学服务

C. 教学技术　　D. 交流沟通

3.（　　）不属于改善教学质量的要素。

A. 完善场地设施　　B. 明确教学计划

C. 强化销售环节　　D. 建立评价体系

4.（　　）是指当客户购买商品后或提出某种服务需求后，对商品本身的质量或体验服务过程中的感受未达到自己心中设定的期望，而产生的一种不满和要求得到补偿的行为。

A. 售后服务　　B. 客户投诉　　C. 客户服务　　D. 客户需求

5.（　　）不属于投诉客户的类型。

A. 易怒型　　B. 霸道型　　C. 知识分子型　　D. 高龄型

6. 要高效率、低成本、客户满意度高、客户体验一致性高地完成每一个客户投诉的处理，必须（　　）。

A. 建立完善的投诉处理流程　　B. 建立完善的教学流程

C. 建立完善的售后服务流程　　D. 建立良好的客户沟通渠道

7. 管理包含的含义不包括（　　）。

A. 管理是一个活动过程

B. 管理是管理者和员工共同的事情

C. 管理是管理者权利与义务的行使

D. 管理者的工作必须依赖员工的合理工作

8.（　　）是为了让企业的运作更加的规范有序。

A. 发展　　B. 领导　　C. 监督　　D. 管理

9.（　　）是公司的第一资源，是公司发展壮大的根本，是提高公司竞争力、创新的决定性因素。

A. 人才资源　　B. 人力资源　　C. 资金　　D. 核心技术

10. 企业为使员工尽快掌握必要的知识、技能和具备的素质，必须对其进行（　　）。

A. 思想教育　　B. 基础培训　　C. 规范管理　　D. 技术指导

11.（　　）是教学的主体，只有充分了解其健康状况、运动基础、身体素质、性格等，才能区别对待，因材施教。

A. 太极拳教练员　　B. 学员　　C. 青少年　　D. 中老年人群

12.（　　）是指太极拳教练员根据太极拳课程标准要求和课程特点，结合学员的具体情况，选择最合适的表达方法和顺序，提前进行一个自我准备的过程。

A. 备课　　B. 教学计划　　C. 课程设计　　D. 教学模拟

13.（　　）不属于太极拳基础教学原则。

A. 循序渐进原则　　B. 因材施教原则

C. 兴趣激励原则　　D. 精讲多练原则

14.（　　）不属于太极拳基础教学方法。

A. 示范教学法　　B. 分解教学法

C. 口诀教学法　　D. 实验教学法

15.（　　）就是让对方推着其特定的身体位置，检验其是否能够让对方在使不出力的情况下完成太极拳动作，是训练太极拳不丢不顶的一种方法。

A. 太极推手　　B. 运行线路的检验

C. 定式检验　　D. 口诀检验

16. 演讲这一概念，在西方最早出现在（　　）。

A.《演说术原理》　　B.《雄辩术原理》

C.《荷马史诗》　　D.《演说家的教育》

17. 下列选项中，不属于演讲前准备的是（　　）。

A. 分析听众　　B. 确定主题和结构

C. 精心选材　　D. 与观众互动

18. 突出演讲者的核心价值观和演讲主题，最好的办法是（　　）。

A. 分享简短的案例　　B. 用起伏的情节吸引听众

C. 反复强调演讲主题　　D. 延长演讲时间

19. 心理学上的研究表明，当形成一个群体时人们的心理状态较之独处时会有一些明显的变化。那么对听众在接受演讲信息时的心理特征，描述不正确的是（　　）。

A. 集体行为中的感染力　　B. 自我中心的功利目的

C. 有限的注意力　　D. 持续的关注度

20. 演讲的主题、题材是相辅相成但又有所区别的，其区别是（　　）。

A. 题材指某一方面的问题和内容，而主题则指整篇演讲所传播的一种思想和意向

B. 题材是指收集的材料而主题是指题材表达的意思

C. 主题是主要的而题材是可有可无的

D. 主题为主题材为辅

21. 以下选项中，不属于运动损伤基本原因的是（　　）。

A. 缺乏充分的准备活动　　B. 不良天气的影响

C. 运动前没有拉伸练习　　D. 场地设备的缺点

22. 以下对包扎法描述正确的是（　　）。

A. 固定夹板，限制伤肢活动　　B. 保护创口，减少感染

C. 支持伤肢，使之保持舒适的位置　　D. 以上选项都正确

23. 反折螺旋形包扎法，用于包扎肢体粗细（　　）的部位。

A. 相差较大　　B. 相差不大　　C. 相对均称　　D. 形状一致

24. （　　）不属于肌肉拉伤的处理方式。

A. 早期冷敷、加压包扎　　B. 48 小时后开始按摩

C. 及时热敷　　D. 情况严重的立即送医院就诊

25. 急性踝关节扭伤，通常采用保守治疗，原则为 RICE。下列不属于 RICE 原则（　　）。

A. relax（放松）　　B. ice（冷敷）

C. compression（加压包扎）　　D. elevation（抬高患肢）

26. 下列选项中，不属于心肺复苏处理步骤是（　　）。

A. 评估和现场安全　　B. 脉搏检查　　C. 胸外按压　　D. 按压人中穴

27. 练习太极拳过程中，对于松沉之间的关系理解正确的是（　　）。

A. 太极拳要松柔，松的作用大于沉

B. 过多的下沉会导致动作僵滞，不应该下沉

C. 先求紧凑，再练舒展，就是说要沉的好，不要放松

D. 松是在沉实的基础上放松，沉是在松的前提下下沉，松沉相间，松沉互济

28. 内气的产生原理阐述正确的是（　　）。

A. 内气是由准确定式直接产生的

B. 内气的产生必须用意导气

C. 内气是一种能量，因此内气是一种意念

D. 内气是符合经络和骨骼最佳受力结构和吻合太极阴阳之理的动作产生的

29. 太极拳内气的产生原理，阐述错误的是（　　）。

A. 吻合经络和骨骼最佳受力结构的外形，可以疏通经络

B. 吻合太极拳阴阳之理的动作，可以按摩脏腑，催生内气的生成

C. 练习太极拳首要的任务是“以内气导外形”

D. 内气的产生是一种结果，太极拳是内家拳，必须产生内气

30. 内劲的大小取决于（　　）。

A. 内气的充沛程度　　B. 经络的贯通程度

C. 内气的发放形式　　D. 以上选项都正确

31. 关于人体能量阐述错误的是（　　）。

A. 人体能量分为精、气、神三个级别

B. 人体能量转化能量是练精化气、练气化神、练神还虚

C. 练精化气的“化”是变化、转化的意思

D. 练精化气的“练”是练习，练功的意思

32. 对“精”阐述正确的是（　　）。

A. 精是构成人体的基本元素

B. 精是阴气和阳气的结合的产物

C. 精是能量的一种，关系到四肢、五脏的健康以及六识感官的灵拙

D. 以上选项都正确

33. 节节贯穿是属于太极拳六大体系的（　　）。

A. 第一阶段　　B. 第二阶段　　C. 第三阶段　　D. 第四阶段

34. 下列不属于对节节贯穿的正确描述的是（　　）。

A. 是太极拳特有的运动模式

B. 是进入虚实变化阶段的过渡阶段

C. 可以逐渐产生内气

D. 可以练出“五阴五阳”

35. 太极拳真正算是入门的阶段是（　　）。

A. 准确定式　　B. 节节贯穿　　C. 虚实变化　　D. 掌控内气

36. 下列属于节节贯穿的原理的是（　　）。

A. 力学原理　　B. 导体理论

C. 顺序原理　　D. 局部与整体理论

37. 节节贯穿对于太极拳练习的作用，描述不正确的是（　　）。

A. 增加关节的活动度　　B. 产生根劲

C. 增加身体的协调性　　D. 产生内气，促使气血旺盛

38. 做节节贯穿动作的前提（　　）。

A. 产生根劲　　B. 产生内气　　C. 伸筋拔骨　　D. 动作放松

39. 节节贯穿动作中，劲力的“启动点”是（　　）。

A. 根节　　B. 梢节　　C. 腰部　　D. 腿部

40. 下列不属于虚实变化定义的是（　　）。

A. 做到周身无处不阴阳　　B. 动作中阴阳不断转变

C. 阴中有阳，阳中有阴　　D. 不丢不顶，以柔克刚

41. 对于虚实变化的理解，不正确的是（　　）。
A. 周身无处不阴阳，阴阳不断转换　B. 是日积月累的过程
C. 贯穿太极拳运动始终　D. 练习主要靠悟性

42. 对于初学者，要注意明显分出（　　）的虚实。
A. 手上　B. 脚下　C. 局部　D. 躯干

43. 太极拳的“慢”的描述，不正确的是（　　）。
A. 太极拳动作的“慢”不是目的　B. 是一种锻炼的方法
C. 是为了放松　D. 为了做到内气和动作的协调

44. 下列对虚实变化的理解，不正确的是（　　）。
A. 虚就是放松，不用力　B. 手上的虚实和脚下是相辅相成的
C. 实不等于用力去顶　D. 虚实可以不断转换的

45. How to say “掤” in English ?（　　）
A. Warding off　B. Rolling back　C. Squeezing　D. Push

46. What is the meaning of “body stroke” ?（　　）
A. 採　B. 挒　C. 肘　D. 靠

47. “Kick with left heel” is in which form as following（　　）.
A. Thirteen-form　B. Nineteen-form
C. Thirteen-form and Nineteen-form　D. Eight-form

48. Which sentence below is especially used in interaction process?（　　）
A. Now we can do it together
B. Today we learn the starting position
C. Ok.This is the end of today's class
D. See you next time

49. Right fist hits on the left palm is（　　）.
A. Jin Gang Dao Dui　B. Ye Ma Fen Zong
C. Closing form　D. Beginning form

50. What does “twist hands behind the ears” mean in Chinese?（　　）
A. 双手合于双耳后方　B. 双手落于双耳下方
C. 双手按于双耳前　D. 双手在双耳前方翻掌

51. What does “pushing hands” mean?（　　）
A. 云手　B. 推手　C. 散手　D. 刁手

52. In about（　　）century, Tai Chi started to develop.

A. 19　　B. 18　　C. 17　　D. 16

53. What does "keep pressing hands to the front of the abdomen" mean in Chinese?（　　）

A. 双手继续下按至胸前　　B. 双手继续下按至腹前

C. 双手继续下按至腿前　　D. 双手继续下按至膝前

54. 不属于老子的主流思想是（　　）。

A. 无为而治　　B. 治大国如烹小鲜

C. 上善若水　　D. 中庸

55. “民不畏死，奈何以死惧之”是出自（　　）。

A.《黄帝内经》　　B.《易经》　　C.《道德经》　　D.《中庸》

56. 对《黄帝内经》阐述错误的是（　　）。

A.《黄帝内经》是我国现存最早的医学典籍之一

B.《黄帝内经》分为《素问》《灵枢》两部

C.《黄帝内经》的作者是黄帝和岐伯

D. 全书以阴阳理论为核心

57.《黄帝内经》中的主要学说是（　　）。

A. 阴阳五行学说　　B. 脉象学说　　C. 藏相学说　　D. 太极学说

58. 下列哪一项不是阐述阴阳理论与人体关系（　　）。

A.《景岳全书》说：“人有阴阳，即为血气，阳主气，阴主血。”

B.《黄帝内经》说：“人生有形，不离阴阳。”

C. “经脉者，所以能决生死，处百病，调虚实，不可不通”

D.《易经》讲：“易有太极，是生两仪。”

59. 中医学认为，养生的四个基本要素是（　　）。

A. 精　　B. 气、血　　C. 神　　D. 以上都是

60. How to describe “摆右脚跟” in English？（　　）

A. Turn the right heel outward　　B. Turn the right foot outside

C. Turn the right foot inside　　D. Turn the right heel inward

模拟测试题答案

一、判断题

1. ×	2. ×	3. √	4. √	5. ×	6. ×	7. √
8. ×	9. √	10. √	11. √	12. ×	13. √	14. √
15. √	16. ×	17. ×	18. √	19. √	20. ×	21. √
22. √	23. ×	24. √	25. ×	26. √	27. ×	28. √
29. ×	30. √	31. √	32. √	33. √	34. ×	35. √
36. ×	37. √	38. √	39. √	40. √		

二、单项选择题

1. D	2. A	3. C	4. B	5. D	6. A	7. C
8. D	9. A	10. B	11. B	12. A	13. C	14. B
15. B	16. C	17. D	18. C	19. D	20. A	21. C
22. D	23. A	24. C	25. A	26. D	27. D	28. D
29. C	30. D	31. D	32. D	33. B	34. D	35. C
36. C	37. B	38. A	39. A	40. D	41. D	42. B
43. C	44. A	45. A	46. D	47. B	48. A	49. A
50. A	51. A	52. A	53. B	54. D	55. D	56. C
57. D	58. D	59. D	60. A			

操作技能考核模拟试卷

注 意 事 项

1. 考生根据操作技能考核通知单中所列的试题做好考核准备。

2. 请考生仔细阅读试题单中具体考核内容和要求，并按要求完成操作或进行笔答或口答，若有笔答请考生在答题卷上完成。

3. 操作技能考核时要遵守考场纪律，服从考场管理人员指挥，以保证考核安全顺利进行。

注：操作技能鉴定试题评分表及答案是考评员对考生考核过程及考核结果的评分记录表，也是评分依据。

国家职业资格鉴定
社会体育指导员（太极拳）（四级）操作技能考核通知单

姓名：

准考证号：

考核日期：

试题 1

试题代码：1.1.1。

试题名称：太极拳套路示范——十九式。

考核时间：20 min。

配分：30 分。

试题 2

试题代码：2.1.1。

试题名称：太极拳教学示范——十九式懒扎衣。

考核时间：20 min。

配分：30 分。

试题 3

试题代码：3.1.1。

试题名称：太极拳大课授课技巧——十九式懒扎衣定式纠正。

考核时间：15 min。

配分：20 分。

试题 4

试题代码：4.1.1。

试题名称：急救处理——心肺复苏术示范。

考核时间：10 min。

配分：20 分。

社会体育指导员（太极拳）（四级）操作技能鉴定

试 题 单

试题代码：1.1.1。

试题名称：太极拳套路示范——十九式。

考核时间：20 min。

1. 操作条件

（1）标准教室一间。

（2）摄像设备一套。

2. 操作内容

背景资料：作为一名职业的太极拳教练，请按照太极拳标准要求，示范太极拳十九式全套动作。

3. 操作要求

请根据以上背景资料，进行以下操作：

（1）现场演示十九式太极拳全套动作。

（2）要求动作示范完整、正确、到位、流畅。

社会体育指导员（太极拳）（四级）操作技能鉴定

试题评分表及答案

考生姓名：　　　　　　准考证号：

1. 评分表

试题代码及名称		1.1.1 太极拳套路示范——十九式			考核时间					20 min
评价要素		配分	等级	评分细则	评定等级					得分
					A	B	C	D	E	
1	动作示范准确	20	A	没有错误						
			B	一个动作出现错误						
			C	二个动作出现错误						
			D	三个及三个以上动作出现错误						
			E	未答题						
2	动作示范流畅	10	A	没有停顿						
			B	出现一次停顿						
			C	出现二次停顿						
			D	出现三次及以上停顿						
			E	未答题						
合计配分		30	合计得分							

考评员（签名）：

等级	A（优）	B（良）	C（尚可）	D（差）	E（未答题）
比值	1.0	0.8	0.6	0.2	0

“评价要素”得分 = 配分 × 等级比值。

2. 参考答案

（1）动作的准确性

1）脚的位置正确，膝盖对准脚尖，重心到位。

2）身体的方向到位。

3）手掌打开，方向正确，指尖方向正确。

4）按照教学要求下沉，下沉到位。

（2）动作示范流畅

1）动作之间先后顺序正确，连接要自然、流畅。

2）动作的转换及方向的变化要干净利落，无多余动作。

社会体育指导员（太极拳）（四级）操作技能鉴定

试题单（操作类）

试题代码：2.1.1。

试题名称：太极拳教学示范——十九式懒扎衣。

考核时间：20 min。

1. 操作条件

（1）标准教室一间。

（2）摄像设备一套。

（3）录音机一台。

2. 操作内容

背景资料：作为一名职业的太极拳教练，请按照定式和口诀的教学示范要求，以十九式太极拳懒扎衣为例，示范定式动作并背诵动作口诀。

3. 操作要求

请根据以上背景资料，进行以下操作：

（1）现场演示十九式太极拳懒扎衣定式动作。要求示范时，动作完整、正确、到位。

（2）现场背诵十九式太极拳懒扎衣口诀。要求口诀背诵正确、无遗漏。背诵过程顺畅，没有明显停顿，无重复。

社会体育指导员（太极拳）（四级）操作技能鉴定

试题评分表及答案

考生姓名：　　　　准考证号：

1. 评分表

试题代码及名称		2.1.1 太极拳教学示范——十九式懒扎衣			考核时间					20 min
评价要素		配分	等级	评分细则	评定等级					得分
					A	B	C	D	E	
1	动作示范的准确性	15	A	各项定式没有错误						
			B	一个定式出现错误						
			C	二个定式出现错误						
			D	三个及三个以上定式出现错误						
			E	未答题						
2	口诀背诵的准确性	15	A	口诀没有错误						
			B	出现一次错误						
			C	出现两次错误						
			D	出现三次及三次以上错误						
			E	未答题						
合计配分		30	合计得分							

考评员（签名）：

等级	A（优）	B（良）	C（尚可）	D（差）	E（未答题）
比值	1.0	0.8	0.6	0.2	0

“评价要素”得分 = 配分 × 等级比值。

2. 参考答案

（1）懒扎衣定式的准确性

1）两脚平行，与肩同宽，左手掌要平，胸要含，双肘要向外掤出。

2）两脚平行，重心在左腿，左边胯膝脚三点一线，双肘里合，双手在右膝内侧，双手掤于右前方。

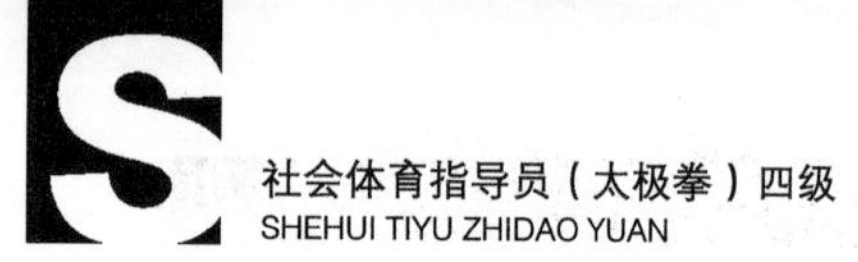

3）两脚平行，重心在右脚，右边胯膝脚三点一线，双肘继续里合，落于双胯前。

4）两脚平行，重心在右腿，右边三点一线，收右胯，含胸，双肘向外旋出。

（2）口诀的准确性

1）身体左转回正，带右手向左，双手合于左腿上方。

2）收右胯，右手内旋，翻右掌，左手内旋至掌心向后，人微右转，右手拉开。

3）微左转，左手掌心向后向左穿掌，右掌心向右，向右推。

4）身体右转打开，右手掌心向外，外旋松肩沉肘，同时翻左掌心向上。

社会体育指导员（太极拳）（五级）操作技能鉴定

试　题　单

试题代码：3.1.1。

试题名称：太极拳大课授课技巧——十九式懒扎衣定式纠正。

考核时间：15 min。

1. 操作条件

（1）标准教室一间。

（2）摄像设备一套。

（3）模拟学员两名。

2. 操作内容

背景资料：作为一名职业的太极拳教练，请按照定势动作要求，以十九式太极拳懒扎衣为例，指出两位学员定势动作的不足，并能指导其做到基本准确。

操作要求

请根据以上背景资料，进行以下操作：

（1）正确指出学员在演示当中的错误动作，并按照动作要求，正确进行纠正指导。

（2）纠正指导过程中，纠正顺序正确。纠正礼仪、站位和语言符合要求。

社会体育指导员（太极拳）（四级）操作技能鉴定

试题评分表及答案

考生姓名：　　　　　　准考证号：

评分表

<table>
<tr><td colspan="2">试题代码及名称</td><td colspan="3">3.1.1　太极拳大课授课技巧——十九式懒扎衣定式纠正</td><td colspan="3">考核时间</td><td colspan="3">15 min</td></tr>
<tr><td colspan="2" rowspan="2">评价要素</td><td rowspan="2">配分</td><td rowspan="2">等级</td><td rowspan="2">评分细则</td><td colspan="5">评定等级</td><td rowspan="2">得分</td></tr>
<tr><td>A</td><td>B</td><td>C</td><td>D</td><td>E</td></tr>
<tr><td rowspan="5">1</td><td rowspan="5">纠正准确性</td><td rowspan="5">10</td><td>A</td><td>各项定式没有错误</td><td rowspan="5"></td><td rowspan="5"></td><td rowspan="5"></td><td rowspan="5"></td><td rowspan="5"></td><td rowspan="5"></td></tr>
<tr><td>B</td><td>一个定式出现错误</td></tr>
<tr><td>C</td><td>二个定式出现错误</td></tr>
<tr><td>D</td><td>三个及三个以上定式出现错误</td></tr>
<tr><td>E</td><td>未答题</td></tr>
<tr><td rowspan="5">2</td><td rowspan="5">纠正程序</td><td rowspan="5">5</td><td>A</td><td>纠正程序完全正确</td><td rowspan="5"></td><td rowspan="5"></td><td rowspan="5"></td><td rowspan="5"></td><td rowspan="5"></td><td rowspan="5"></td></tr>
<tr><td>B</td><td>纠正程序出现一项错误</td></tr>
<tr><td>C</td><td>纠正程序出现两次错误</td></tr>
<tr><td>D</td><td>纠正程序出现两次以上错误</td></tr>
<tr><td>E</td><td>未答题</td></tr>
<tr><td rowspan="5">3</td><td rowspan="5">纠正礼仪、站位及语言</td><td rowspan="5">5</td><td>A</td><td>纠正礼仪、站位及语言完成正确</td><td rowspan="5"></td><td rowspan="5"></td><td rowspan="5"></td><td rowspan="5"></td><td rowspan="5"></td><td rowspan="5"></td></tr>
<tr><td>B</td><td>出现一个错误</td></tr>
<tr><td>C</td><td>出现两个错误</td></tr>
<tr><td>D</td><td>出现两个以上错误</td></tr>
<tr><td>E</td><td>未答题</td></tr>
<tr><td colspan="2">合计配分</td><td>20</td><td colspan="8">合计得分</td></tr>
</table>

考评员（签名）：

等级	A（优）	B（良）	C（尚可）	D（差）	E（未答题）
比值	1.0	0.8	0.6	0.2	0

“评价要素”得分 = 配分 × 等级比值。

2. 参考答案

（1）动作准确程度

1）两脚平行，与肩同宽，左手掌要平，胸要含，双肘要向外棚出。

2）两脚平行，重心在左腿，左边胯膝脚三点一线，双肘里合，双手在右膝内侧，双手棚于右前方。

3）两脚平行，重心在右脚，右边胯膝脚三点一线，双肘继续里合，落于双胯前。

4）两脚平行，重心在右腿，右边三点一线，收右胯，含胸，双肘向外旋出。

（2）纠正程序

1）坚持从下到上原则。

2）先纠脚的位置方向。

3）其次纠正重心的位置，然后纠正手的位置和掌心、指尖方向。

4）先纠整体框架，再纠动作细节。

（3）纠正礼仪、站位及语言

1）礼仪：落落大方、彬彬有礼；接触面积、力度不宜过大；不宜出现点、拍、戳等。

2）站位：先在距离学员 2 ~ 3 米处观察动作找出问题然后再纠正。纠正动作时避免从学员背后纠正，并保持适当的距离。

3）语言：先用语音引导然后再纠正，纠正时讲解动作存在的问题。

社会体育指导员（太极拳）（四级）操作技能鉴定

试 题 单

试题代码：4.1.1。

试题名称：急救处理——心肺复苏术示范。

规定用时：10 min。

1. 操作条件

（1）垫子。

（2）塑胶假人一具。

2. 操作内容

根据成人心肺复苏的要求，从发现假人开始，在假人身上进行心肺复苏的操作。

（1）成人心肺复苏程序。

（2）吹气时间不少于 15 秒。

（3）胸外按压时间不少于 15 秒。

3. 操作要求

（1）模拟整个成人心肺复苏程序。

（2）成人心肺复苏术各关键点没有遗漏和错误。

社会体育指导员（太极拳）（四级）操作技能鉴定

试题评分表及答案

1. 评分表

考生姓名：　　　　　准考证号：

试题代码及名称		4.1.1 急救处理——心肺复苏术示范			考核时间			10 min		
评价要素		配分	等级	评分细则	评定等级					得分
					A	B	C	D	E	
1	操作流程	10	A	各环节没有遗漏						
			B	出现一处遗漏						
			C	出现两处遗漏						
			D	出现三处及以上遗漏						
			E	未答题						
2	动作正确	10	A	各项动作没有错误						
			B	出现一个动作出现错误						
			C	出现两个动作出现错误						
			D	出现三个及以上动作出现错误						
			E	未答题						
合计配分		20	合计得分							

考评员（签名）：

等级	A（优）	B（良）	C（尚可）	D（差）	E（未答题）
比值	1.0	0.8	0.6	0.2	0

“评价要素”得分 = 配分 × 等级比值。

2. 参考答案

（1）操作流程

1）判断意识。

2）调整伤员身体的姿势。

3）打开气道。

4）判断呼吸。

5）人工呼吸。

6）判断心跳。

7）胸外心脏按压。

（2）动作正确

1）判断意识：判断是否还有正常的意识。

2）将伤员翻成仰卧姿势，放在坚硬的平面上（将伤员双侧上臂向上伸直；保护颈部翻身；放置成心肺复苏的体位；救护员双腿跪于伤病员一侧）。

3）打开气道：用仰头举颏法打开气道，使下颌角与耳垂连线垂直于地面（90º）。

4）判断呼吸（不能少于 5 ~ 10 秒）：一看胸部有无起伏；二听有无呼吸音；三感觉有无呼气的气流拂面。

5）口对口人工呼吸：如无呼吸立即进行口对口人工吹气 2 次。救护员将放在伤病员前额的手的拇指、示指捏紧伤病员的鼻翼，吸一口气，用双唇包严伤病员口唇周围，缓慢持续将气体吹入（吹起时间约持续 1 秒）。吹气量以胸廓隆起为宜，吹气频率为 10 ~ 12 次 / 分钟（每 5 ~ 6 秒吹 1 次）。

6）触摸颈动脉搏动、判断有无心跳：用示指、中指并拢置于伤病员颈前正中线（喉结处）。向外滑行（2 ~ 3 厘米）至甲状软骨与胸锁乳突肌之间的凹陷处，稍加力度触摸。

7）胸外心脏按压：按压部位为胸部正中乳头连线水平（胸骨下 1/2 处）。救护员双手手掌根重叠，十指相扣，掌心翘起，手指离开胸壁，上半身前倾，双臂伸直，垂直向下，用力、有节奏地按压 30 次。按压与放松的时间相等，下压深度 4 ~ 5 厘米，按压频率 100 次 / 分钟。